Itaalia Köögi Võlujõud

Maitseelamused Toskaanast Sitsiiliani

Laura Mancini

SISUKORD

Täidetud kana Ragùs 9

Röstitud Keedetud Kana 12

Kana telliskivi all 15

Sidruni-kanasalat 17

Kanasalat kahe paprikaga 20

Piemonte stiilis kanasalat 23

Rullitud täidisega kalkuni rinnatükk 26

Pošeeritud kalkunilihaleib 28

Kalkunirullid punase veini tomatikastmega 31

Pardirind magushapude viigimarjadega 34

Pardipraad vürtsidega 37

Pannil praetud vutt sealihaga 40

Grillitud vutt 43

Vutt tomati ja rosmariiniga 45

Hautatud vutt 47

Grillitud praad, Firenze stiilis 49

Filee palsamiglasuuriga 51

Kammkarbi filee šalottsibula, peekoni ja punase veiniga 53

Viilutatud filee raketiga 55

Filee praed gorgonzolaga 57

Tomatikastmega täidetud liharullid 59

Veiseliha ja õlu 61

Liha ja sibulahautis 63

Veisehautis pipraga 66

Friuli veiselihahautis 68

Segalihahautis, hunteri stiilis 70

Eimillestki hautis 73

Rooma stiilis härjasabahautis 76

Veiseliha hautatud jalg 79

Lihaga täidetud baklažaan 82

Napoli lihapallid 84

Lihapallid piiniaseemnete ja rosinatega 86

Lihapallid kapsa ja tomatiga 89

Lihapallid, Bologna stiilis 92

Lihapallid Marsalas 95

Lihapirukas, vana Napoli stiil 97

Potipraad punase veiniga 99

Röstitud potis sibulakastme ja pastaga 101

Sitsiilia täidisega veiseliharull 104

Röstitud filee oliivikastmega 108

Keedetud liha segatud 110

Grillitud marineeritud sealihakotletid 114

Ribid, Friuli stiilis 116

Ribid tomatikastmega 118

Maitsestatud ribid, Toscana stiilis 120

Ribid ja oad 122

Vürtsikad sealihakotletid marineeritud paprikaga 124

Sealiha kotletid rosmariini ja õuntega 126

Seakarbonaad seene-tomatikastmega 128

Sealiha kotletid porcini ja punase veiniga 130

Sealiha kotletid kapsaga 132

Sealiha kotletid apteegitilli ja valge veiniga 134

Sealiha kotletid, pitsa stiilis 136

Seakarbonaad, Molise stiilis 138

Balsamico glasuuritud sea sisefilee raketi ja parmesaniga 140

Seafilee ürtidega 143

Calabrese seafilee mee ja Tšiiliga 145

Praetud sealiha kartulite ja rosmariiniga 148

Sidruni seafilee 150

Seafilee õunte ja grappaga 153

Praetud sealiha sarapuupähklite ja koorega 155

Toscana seafilee 158

Praetud sea abatükk apteegitilliga 160

Praetud põrsas 162

Rösti kondita ja vürtsidega seafilee 166

Grillitud sea abatükk piimas 168

Hautatud sea abatükk viinamarjadega 170

Sea abatükk õlles 172

Lambakotletid valges veinis 174

Lambakotletid kappari, sidruni ja salveiga 176

Krõbedad lambalihakotletid 178

Lambakotletid artišokkide ja oliividega 180

Lambalihakotletid tomatikastme, kappari ja anšoovisega 182

Lambakotletid "põletavad su sõrmi" 184

Grillitud lambaliha, Basilicata stiilis 186

Grillitud lambalihavardad 188

Lambahautis rosmariini, piparmündi ja valge veiniga 190

Umbria lambahautis kikerhernepüreega 193

Hunteri stiilis lambaliha 196

Lamba-, kartuli- ja tomatihautis 199

Lamba- ja piprahautis 201

Lambaliha pajaroog munadega 203

Lamba- või kitseliha kartulitega, Sitsiilia moodi 206

Apuulia lambaliha ja kartuli pajaroog 209

Lambakoib kikerhernestega 212

Lambakoib paprika ja prosciuttoga 214

Lambakoib kapparite ja oliividega 217

Täidetud kana Ragùs

Ripieno kana Ragùs

Teeb 6 portsjonit

Minu vanaema tegi sel viisil kana pidudeks ja erilistel puhkudel. Täidis mitte ainult ei maitse kana seestpoolt, vaid iga täidis, mis kastmesse valgub, annab sellele lisamaitset.

Rikkalik kogus kastet katab kana. Võite selle kõrvale panna, et serveerida koos pastaga mõneks muuks söögikorraks.

8 untsi spinatit, tükeldatud

8 untsi jahvatatud veiseliha

1 suur muna, lahtiklopitud

¼ tassi kuiva riivsaia

1¼ tassi värskelt riivitud Roman Pecorinot

Sool ja värskelt jahvatatud must pipar

1 kana (3½ kuni 4 naela)

2 supilusikatäit oliiviõli

1 keskmine sibul, hakitud

1 1/2 tassi kuiva valget veini

1 purk (28 untsi) kooritud tomateid, lastud läbi toiduveski

1 loorberileht

1. Aseta spinat suurde potti keskmisel kuumusel koos 1/4 tassi veega. Katke ja küpseta 2-3 minutit või kuni see on pehme ja pehme. Nõruta ja jahuta. Mähi spinat ebemevaba riide sisse ja pigista võimalikult palju vett välja. Haki spinat peeneks.

2. Sega suures kausis tükeldatud spinat, veiseliha, muna, riivsai, juust ning maitse järgi soola-pipart. sega hästi

3. Loputage kana ja patsutage see kuivaks. Puista seest ja väljast soola ja pipraga. Täida kana õõnsus lõdvalt täidisega.

4. Kuumuta suures raskes potis õli keskmisel kuumusel. Lisa kana rinnatükk allapoole. Küpseta 10 minutit või kuni kuldpruunini. Keera kana ümber, rinnapool ülespoole. Laota sibul kana ümber ja pruunista, veel umbes 10 minutit. Määri ülejäänud täidis kana ümber. Lisa vein ja hauta 1 minut. Vala

kanale tomatid, loorberileht ja maitse järgi soola-pipart.
Alandage kuumust ja katke pann osaliselt. Küpseta 30 minutit.

5. Pöörake kana ettevaatlikult ümber. Keeda osaliselt kaane all veel 30 minutit. Kui kaste on liiga õhuke, avage pann. Küpseta veel 15 minutit või seni, kuni kana kahvliga torkamisel luu küljest lahti lööb.

6. Eemalda kana kastmest. Tükelda kana ja aseta taldrikule. Eemalda kastmest rasv suure lusika või rasvaeraldajaga. Nirista osa kastet kanale ja serveeri kuumalt.

Röstitud Keedetud Kana

Praetud kana

Teeb 4 portsjonit

Keskkooliaegne sõber Leona Ancona Cantone rääkis mulle, et tema ema, kelle perekond oli pärit Abruzzost, tegi midagi sellist palju aastaid tagasi. Ma kujutan ette, et retsept tekkis kanast maksimumi saamiseks, sest sealt saab nii puljongit kui ka praeliha. Keetmise ja röstimise meetod teeb sellest väga õrna linnu.

1 kana (3 1/2 kuni 4 naela)

1 porgand

1 karbonaad sellerit

1 kooritud sibul

4 või 5 oksa peterselli

Sal

2/3 tassi riivsaia

1/3 tassi värskelt riivitud Parmigiano-Reggiano

1 1/2 tl kuivatatud pune, purustatud

2-3 supilusikatäit oliiviõli

2 supilusikatäit sidrunimahla

Värskelt jahvatatud must pipar

1. Lükkab tiibade otsad selja taha. · Aseta kana suurde potti ja lisa külma vett, et see oleks kaetud. Lase vedelik keema tõusta ja keeda 10 minutit. Eemaldage vaht suure lusikaga.

2. Lisa porgand, seller, sibul, petersell ja maitse järgi soola. Küpseta keskmisel-madalal kuumusel, kuni kana on kahvliga läbitorgatud reie paksemast osast pehme ja mahl välja voolab, umbes 45 minutit. Eemalda kana potist. (Võite puljongile lisada rohkem koostisosi, näiteks liha- või kanajääke ja keeta umbes 60 minutit. Kurna ja jahuta puljong või külmuta suppide või muuks otstarbeks.)

3. Asetage rest ahju keskele. Kuumuta ahi temperatuurini 450 ° F. Määrige suur küpsetusplaat.

4. Sega taldrikul riivsai, juust, pune, oliiviõli, sidrunimahl ning maitse järgi soola-pipart.

5. Lõika kana serveerimiseks raskete köögikääride abil tükkideks. Kasta kana riivsaiasse, viska need kinni. Asetage kana ettevalmistatud ahjuvormi.

6. Küpseta 30 minutit või kuni põhi on kuldne ja krõbe. Serveeri kuumalt või toatemperatuuril.

Kana telliskivi all

Mattone kana

Teeb 2 portsjonit

Tükeldatud ja lapik kana, mis on raskuse all küpsetatud, on pealt krõbe ja seest mahlane. Toscanast saab osta spetsiaalse raske terrakotaketta, mis teeb kana tasaseks ja hoiab seda ühtlaselt vastu panni pinda. Kasutan raskuseks rasket malmpanni, mis on väljast alumiiniumfooliumiga kaetud, kuid hästi sobivad ka tavalised alumiiniumfooliumiga mähitud tellised. Selle retsepti puhul on oluline kasutada väga väikest kana või isegi Cornish kana; vastasel juhul kuivab see väljastpoolt enne, kui kondiga liha küpseb.

1 väike kana (umbes 3 naela)

Sool ja värskelt jahvatatud must pipar

1/3 tassi oliiviõli

1 sidrun ribadeks lõigatud

1. Patsuta kana kuivaks. Kasutades suurt koka nuga või linnuliha käärid, lõigake kana piki selgroogu. Lõikelaual ava

kana lapikuks nagu raamat. Lõika rindu eraldav kiiluluu. Eemaldage liitekohast tiivaotsad ja teine tiivaosa. Tasandage kana, lüües seda õrnalt kummivasara või muu raske esemega. Puista mõlemalt poolt ohtralt soola ja pipraga.

2. Valige pann, mis mahutab lamendatud kana ja raskuse. Valige teine pann või raske pann, mis suudab kana ühtlaselt alla suruda. Kata põhi fooliumiga, kinnita fooliumi servad panni sisemuse peale. Kui see on kaalu jaoks vajalik, täitke fooliumiga vooderdatud pann tellistega.

3. Vala õli pannile ja kuumuta keskmisel kuumusel. Lisa kana nahk allapoole. Asetage raskus peale. Küpseta, kuni nahk on kuldpruun, 12–15 minutit.

4. Libista õhuke spaatel kana alla, et see pannilt vabastada. Pöörake kana ettevaatlikult ümber, nahk ülespoole. Asendage kaal ja küpseta kana, kuni reie läbitorkamisel on mahl selge, umbes 12 minutit. Serveeri kuumalt sidruniviiludega.

Sidruni-kanasalat

Sidruni-kanasalat

Teeb 6 portsjonit

Ühel väga kuumal suvepäeval, kui olin Bordigheras, Liguurias, Prantsusmaa piiri lähedal, peatusin kohvikus, et hommikusööki süüa ja päikese käest ära saada. Kelner soovitas seda värskelt valmistatud kanasalatit, mis meenutas mulle paar päeva varem Prantsusmaal pakutud salatit niçoise. Tuunikalakonserv on Nizzale omane, aga hea on ka see itaaliapärane variant kanaga.

See on kiire kanasalat, seega kasutan kanarinda, aga seda saab teha ka tervete kanadega. Kana võib eelnevalt küpsetada ja kastmes marineerida, kuid köögiviljad maitsevad paremini, kui neid pärast keetmist ei külmuta. Võid hoida neid toatemperatuuril umbes tund aega, kuni need on salati kokkupanemiseks valmis.

4 isetehtud tassi<u>Kanasupp</u>, või poest ostetud puljongi ja vee segu

4 kuni 6 väikest maguskartulit, näiteks Yukon Gold

8 untsi eksootikat, lõigatud 1-tollisteks tükkideks

Sal

2 naela kondita, nahata ja rasvavabad kanarinda

sidemega

1 1/2 tassi ekstra neitsioliiviõli

2 spl värsket sidrunimahla või maitse järgi

1 spl kapparid, loputatud, nõrutatud ja tükeldatud

1 1/2 tl kuivatatud pune, purustatud

Sool ja värskelt jahvatatud must pipar

2 keskmist tomatit, lõigatud ribadeks

1. Vajadusel valmista puljong. Aseta kartulid kastrulisse. Lisa külma vett, et see oleks kaetud. Kata pann kaanega ja lase vesi keema. Küpseta noaga läbitorkamisel pehmeks, umbes 20 minutit. Nõruta kartulid ja lase veidi jahtuda. Koori nahad.

2. Aja keskmises kastrulis vett keema. Lisa pehmed oad ja maitse järgi soola. Küpseta, kuni oad on pehmed, umbes 10

minutit. Nõruta oad ja jahuta jooksva vee all. Patsutage oad kuivaks.

3. Kuumuta suures kastrulis puljong keema (kui seda pole tehtud). Lisa kana rinnad ja kata pann. Küpseta kana keerates üks kord, 15 minutit või kuni see on pehme ja kahvliga augustamisel kanamahl on selge. Nõruta kana rinnad, jättes puljongi teiseks kasutamiseks. Viiluta kana risti ja aseta keskmisesse kaussi.

4. Sega väikeses kausis garneeringu ained. Vala pool kastmest kana peale. Viska tükid kattumiseks korralikult läbi. Katsetage ja reguleerige sauna. Asetage kana suure ahjuvormi keskele. Katke ja jahutage kuni 2 tundi.

5. Laota pehmed oad, kartulid ja tomatid kana ümber. Piserdage ülejäänud lisandiga ja serveerige kohe.

Kanasalat kahe paprikaga

Kanasalat Pepperoniga

Teeb 8 kuni 10 portsjonit

Sellele salatile lisavad huvi nii röstitud paprika kui ka marineeritud terav kirsipaprika. Kui kirsi tšillit pole saadaval, asendage teise marineeritud tšilliga, näiteks jalapeño või pepperoncíga. Purgis röstitud paprika on mugav, kui teil pole aega ise röstida. Sellest retseptist saab palju kana, nii et see sobib suurepäraselt peole. Soovi korral saab retsepti lihtsalt pooleks poolitada.

2 väikest kana (igaüks umbes 3 naela)

2 porgandit

2 selleriribi

1 sibul

Paar oksa peterselli

Sal

6 tera musta pipart

6 punast või kollast kellukest<u>Röstitud morronid</u>, koorida ja lõigata õhukesteks ribadeks

Salsa

1 1/2 tassi oliiviõli

3 supilusikatäit veiniäädikat

1 1/4 tassi hakitud värsket peterselli

2 spl peeneks hakitud marineeritud kirsipaprikat või maitse järgi

1 peeneks hakitud küüslauguküüs

4 kuni 6 tassi segasalatit

1. Aseta kanad suurde potti ja lisa külma vett, et see oleks kaetud. Lase vedelik keema tõusta ja keeda 10 minutit. Eemaldage lusikaga pinnale tõusev vaht ja visake see ära.

2. Lisa porgand, seller, sibul, petersell ja maitse järgi soola. Küpseta keskmisel-madalal kuumusel, kuni kana on pehme ja mahl on selge, umbes 45 minutit.

3. Samal ajal rösti vajadusel paprikat. Kui kana on küpsenud, võta see potist välja. Reserveerige puljong muuks kasutuseks.

4. Lase kanal nõrguda ja jahtuda. Eemaldage liha. Lõika liha 2-tollisteks tükkideks ja asetage need kaussi koos röstitud paprikatega.

5. Sega keskmises kausis kokku kastme koostisosad. Nirista pool kastmest kana ja paprika peale ning viska korralikult läbi. Katke ja jahutage külmkapis kuni 2 tundi.

6. Vahetult enne serveerimist raputa kana ülejäänud kastmega. Maitse ja kohanda maitseainet, vajadusel lisa veel äädikat. Serveerimiseks tõsta köögiviljad taldrikule. Kata kana ja paprikaga. Serveeri kohe.

Piemonte stiilis kanasalat

Piemontese kana salat

Teeb 6 portsjonit

Piemonte piirkonnas algavad restorani söögid tavaliselt pika antipasti seeriaga. Nii proovisin esimest korda seda salatit selle piirkonna klassikalises restoranis Belvedere. Mulle meeldib seda kevadel või suvel lõunasöögi pearoana serveerida.

Kiireks eineks tehke seda salatit pošeeritud kanaliha asemel poest ostetud praekanaga. Kalkunipraad oleks ka hea.

1 kana (3 1/2 kuni 4 naela)

2 porgandit

2 selleriribi

1 sibul

Paar oksa peterselli

Sal

6 tera musta pipart

8 untsi valgeid seeni, õhukeselt viilutatud

2 sellerit, õhukeselt viilutatud

1 1/4 tassi oliiviõli

1 purk (2 untsi) anšoovisefileed, nõrutatud ja tükeldatud

1 tl Dijoni sinepit

2 supilusikatäit värskelt pressitud sidrunimahla

Sool ja värskelt jahvatatud must pipar

Umbes 6 tassi salatirohelist, lõigatud väikesteks tükkideks

Väike tükk Parmigiano-Reggiano

1. · Aseta kana suurde potti ja lisa külma vett, et see oleks kaetud. Lase vedelik keema tõusta ja keeda 10 minutit. Eemaldage suure lusikaga pinnale tõusev vaht.

2. Lisa porgandid, seller, sibul, petersell ja maitse järgi soola. Küpseta keskmisel-madalal kuumusel, kuni kana on pehme ja mahl on selge, umbes 45 minutit. Eemalda kana potist. Reserveerige puljong muuks kasutuseks.

3. Lase kanal nõrguda ja veidi jahtuda. Eemaldage liha nahalt ja luudest. Lõika liha 2-tollisteks tükkideks.

4. Sega suures kausis kokku kanatükid, seened ja õhukesteks viiludeks lõigatud seller.

5. Sega keskmises kausis kokku õli, anšoovised, sinep, sidrunimahl ning maitse järgi sool ja pipar. Sega kanasegu garneeringuga. Laota salatirohelised taldrikule ja kata kanaseguga.

6. Raseerige Parmigiano-Reggiano salatile pöörleva teraga köögiviljakoorijaga. Serveeri kohe.

Rullitud täidisega kalkuni rinnatükk

Rollata di Tacchino

Teeb 6 portsjonit

Kalkuni rinnapoolikuid on enamikus supermarketites lihtne leida. Selles Emilia-Romagna roas keeratakse liha pärast konditustamist ja kalkuni rinnatüki lamedamaks muutmist rulli ja röstitakse nahaga kaetud, et hoida seda niiskena. Serveeri praadi kuumalt või külmalt. See on ka hea võileib, mida serveeritakse sidrunimajoneesiga.

1/2 kalkuni rinnatükki (umbes 2 1/2 naela)

1 peeneks hakitud küüslauguküüs

1 spl värsket hakitud rosmariini

Sool ja värskelt jahvatatud must pipar

2 untsi imporditud Itaalia prosciutto, õhukeselt viilutatud

2 supilusikatäit oliiviõli

1. Asetage rest ahju keskele. Kuumuta ahi temperatuurini 350 ° F. Määrige väike küpsetusplaat.

2. Terava noa abil eemalda kalkunilt nahk ühes tükis. Pange see kõrvale. Lõika kalkunirind luu küljest lahti. Asetage rinnatükk lõikelauale luuga ülespoole. Alustades ühest pikemast küljest, lõigake kalkuni rinnatükk pikuti pooleks, peatudes teisest pikemast küljest. Ava kalkunirind nagu raamat. Tasandage kalkun lihavasaraga, kuni see on umbes 1/2 tolli paksune.

3. Puista kalkunile küüslauku, rosmariini ning maitse järgi soola ja pipart. Aseta prosciutto peale. Rullige liha silindriks, alustades ühest pikemast küljest. Aseta kalkuni nahk rullile. Siduge rull kööginööriga 2-tolliste vahedega. Asetage rulliõmblus pool allapoole ettevalmistatud pannile. Nirista peale õli ning puista peale soola ja pipart.

4. Küpseta kalkunit 50–60 minutit või kuni liha sisetemperatuur on kiirloetava termomeetriga 155 °F. Enne viilutamist laske 15 minutit puhata. Serveeri kuumalt või toatemperatuuril.

Pošeeritud kalkunilihaleib

Polpettone di Tacchino

Teeb 6 portsjonit

Itaalias lõigatakse kalkun sageli tükkideks või jahvatatakse, mitte ei röstitakse tervena. Seda Piemonte fossagat kuumutatakse, andes sellele pasteedilaadsema tekstuuri.

See lõke on suurepärane nii külm kui kuum. Serveeri koos<u>roheline kaste</u>või värske tomati kaste.

4 kuni 5 viilu Itaalia leiba, koorikuta ja tükkideks lõigatud (umbes 1 tass)

1 1/2 tassi piima

2 supilusikatäit hakitud värsket peterselli

1 suur küüslauguküüs

4 untsi peekonit, tükeldatud

1/2 tassi värskelt riivitud Parmigiano-Reggiano

Sool ja värskelt jahvatatud must pipar

1 nael jahvatatud kalkun

2 suurt muna

1/4 tassi pistaatsiapähklit, kooritud ja hakitud suurteks tükkideks

1. Leota leiba külmas piimas 5 minutit või kuni see on pehme. Suruge leiba õrnalt ja asetage terasest teraga köögikombaini. Lükake piim tagasi.

2. Lisa petersell, küüslauk, peekon, juust ning maitse järgi soola ja pipart. Töötle kuni peeneks hakitud. Lisa kalkun ja munad ning sega ühtlaseks massiks. Lisa pistaatsiapähklid spaatliga.

3. Laotage tasasele pinnale 14 x 12-tolline niisutatud marlitükk. Vormige kalkuni segust 8 × 3-tolline päts ja asetage see riidele. Keerake kalkun riidesse ja keerake see täielikult kokku. Kööginööri kasutades siduge leib 2-tolliste vahedega nii, nagu seoksite prae.

4. Täida suur pott 3 liitri külma veega. Lase vedelik keema tõusta.

5. Lisage osaliselt kaetud fogasca ja poche 45 minutit või kuni mahl on selge, kui fogasca keskele kahvliga läbi torgata.

6.Tõsta leib vedelikust välja ja lase 10 minutit jahtuda. Pakkige lahti ja viilutage serveerimiseks.

Kalkunirullid punase veini tomatikastmega

Rollatini roosas veinikastmes

Teeb 4 portsjonit

Kui ma esimest korda abiellusin, andis naaber mulle selle retsepti oma pere kodupiirkonnast Apuuliast. Olen sellega aastaid mänginud ja kuigi ta kasutas veise ribisid, eelistan ma kalkunit. Rulle saab eelnevalt valmis teha ja hoida külmkapis. Nad soojendavad väga hästi päev või paar hiljem.

4 untsi jahvatatud veiseliha või kalkuniliha

2 untsi peekonit, peeneks hakitud

1 1/4 tassi hakitud värsket peterselli

1 väike küüslauguküüs, peeneks hakitud

1/4 tassi kuiva riivsaia

Sool ja värskelt jahvatatud must pipar

1 1/4 naela õhukeselt viilutatud kalkuniribi, lõigatud 12 tükiks

2 supilusikatäit oliiviõli

1 1/2 tassi kuiva punast veini

2 tassi värskeid kooritud, seemnetest puhastatud ja tükeldatud tomateid või kuivatatud ja tükeldatud konservtomateid

Näputäis purustatud punast pipart

1. Sega suures kausis veiseliha, peekon, petersell, küüslauk, riivsai ning maitse järgi soola ja pipart. Vormi segust 12 väikest umbes 3 tolli pikkust vorsti. Aseta vorst kalkuniribi otsa. Vorsti sulgemiseks keera liha rulli. Kinnitage rull hambaorku abil tihvtidega keskele, rulliga paralleelselt. Korrake ülejäänud vorstide ja ribidega.

2. Kuumuta keskmisel pannil oliiviõli keskmisel kuumusel. Lisa rullid ja pruunista umbes 10 minutit. Lisa vein ja lase keema tõusta. Küpseta 1 minut, keerates rulle.

3. Lisa tomatid, maitse järgi sool ja näputäis purustatud punast pipart. Vähenda kuumust miinimumini. Katke pann osaliselt. Küpseta, lisades vajadusel veidi sooja vett, et kaste liigselt ära ei kuivaks, 20 minutit või kuni kuklid on kahvliga läbitorkamisel pehmed.

4.Tõsta kuklid ahjuvormi. Eemaldage söögipulgad ja valage peale kaste. Serveeri kuumalt.

Pardirind magushapude viigimarjadega

Pardirind koos Agrodolce di Fichiga

Teeb 4 portsjonit

See kaasaegne Piemonte retsept viigimarjade ja palsamiäädikaga praetud pardirindade valmistamiseks sobib suurepäraselt eriliseks õhtusöögiks. Pardirind on parimal tasemel keskmisel kuumusel küpsetatuna ja kõige paksemast kohast veel roosakas. Serveeri võiga määritud spinati ja kartuligratiiniga.

2 kondita pardirinda (igaüks umbes 2 naela)

Sool ja värskelt jahvatatud must pipar

8 värsket küpset rohelist või musta viigimarju või kuivatatud viigimarju

1 lusikatäis suhkrut

1 1/4 tassi palsamiäädikat

1 spl soolata võid

1 spl värsket hakitud peterselli

1.Tõsta pardirinnad 30 minutit enne küpsetamist külmkapist välja. Loputage pardirinnad ja kuivatage. Tee pardirindade nahka 2 või 3 diagonaalset lõiget ilma liha lõikamata. Puista ohtralt soola ja pipraga.

2.Vahepeal lõigake värsked viigimarjad pooleks või neljaks, kui need on suured. Kuivatatud viigimarjade kasutamisel leotage neid 15–30 minutit soojas vees, kuni need muutuvad paksuks. Nõruta, seejärel lõika neljaks.

3.Asetage rest ahju keskele. Kuumuta ahi temperatuurini 350 ° F. Valmistage ette väike küpsetusplaat.

4.Kuumutage suurt mittenakkuvat panni keskmisel-kõrgel kuumusel. Lisa pardi rinnatükid nahk allapoole. Küpseta parti ilma pööramata, kuni nahk on kuldpruun, 4–5 minutit.

5.Määri ahjuplaat pannilt saadud vähese pardirasvaga. Asetage pardi rinnatükid nahaga üleval pannile ja röstige 5–6 minutit või kuni liha on paksemast osast lõigates roosakas.

6.Sel ajal, kui part ahjus on, vala pannilt rasv ära, aga ära pühi ära. Lisa viigimarjad, suhkur ja palsamiäädikas. Küpseta pannil keerutades, kuni vedelik on veidi paksenenud, umbes 2 minutit. Tõsta tulelt ja sega hulka või.

7.Kui valmis, tõsta pardirinnad lõikelauale. Lõika kana rinnad 3/4-tollisteks diagonaalselt viiludeks. Laota viilud serveerimiseks 4 soojale taldrikule. Vala viigimarjakaste. Puista peale petersell ja serveeri kohe.

Pardipraad vürtsidega

Part allo Spezie

Teeb 2 kuni 4 portsjonit

Piemontes hautatakse metsparte punases veinis, äädikas ja vürtsides. Kuna Ameerika Ühendriikides saadaval olevad kodustatud Pekingi pardid on väga rasvased, kohandasin seda retsepti röstimiseks. Pardis ei ole palju liha, nii et oodake, et saate ainult kaks suurt portsjonit või neli väikest. Pardi serveerimiseks tükkideks lõikamisel on suureks abiks linnukäärid.

1 part (umbes 5 naela)

2 hakitud küüslauguküünt

2 keskmist sibulat, õhukeselt viilutatud

1 spl värsket hakitud rosmariini

3 tervet hammast

1 1/2 tl kaneelipulbrit

1 1/4 tassi kuiva punast veini

2 supilusikatäit punase veini äädikat

1. Torgi kahvliga nahk üleni, et rasv küpsedes välja pääseks. Olge ettevaatlik, et torgaksite läbi ainult naha pinna ja vältige viljaliha läbitorkamist.

2. Sega keskmises kausis kokku küüslauk, sibul, rosmariin, nelk ja kaneel. Laota umbes kolmandik segust keskmisele ahjuplaadile. Aseta part pannile ja täida osa seguga. Kuhja ülejäänud segu pardi peale. Kata ja pane üleöö külmkappi.

3. Asetage rest ahju keskele. Kuumuta ahi temperatuurini 325 ° F. Eemaldage marinaadi koostisosad pardist ja asetage pannile. Rösti pardi rinnatükk allapoole 30 minutit.

4. Pööra pardirind ümber ja vala üle veini ja äädikaga. Rösti 1 tund, loputades iga 15 minuti järel pannivedelikuga. Tõstke ahju temperatuur 400° F-ni. Küpsetage veel 30 minutit või kuni part on kenasti pruunistunud ja reie temperatuur registreerib kiirloetava termomeetril 175° F.

5. Tõsta part lõikelauale. Kata alumiiniumfooliumiga ja lase 15 minutit puhata. Kurna pannimahlad ja koori lusikaga rasv. Vajadusel soojendage pannimahla.

6. Lõika part portsjoniteks tükkideks ja serveeri kuumalt koos mahlaga.

Pannil praetud vutt sealihaga

Mängige Tegame'i koos Funghi Porciniga

Teeb 4 kuni 8 portsjonit

Friuli-Venezia Giulias Buttrios sõime abikaasaga restoranis Trattoria Al Parco, mis on tegutsenud alates 1920. aastatest. Restorani südameks on kamin, selle piirkonna majapidamistele omane tohutu kamin. Friuli elanikel on lapsepõlves sageli head mälestused kolde ääres veedetud õhtutest, kokkamisest ja lugude rääkimisest. Al Parco lõkkease süüdatakse igal õhtul ning seda kasutatakse liha ja seente röstimiseks. Õhtul, mil me seal viibisime, olid eriliseks linnukesed rikkalikus seenekastmes.

1 unts porcini seeni, kuivatatud (umbes 3/4 tassi)

2 tassi kuuma vett

8 vutti, mis on valmistatud paremal pool näidatud viisil

8 salvei lehte

4 viilu peekonit

Sool ja värskelt jahvatatud must pipar

2 supilusikatäit soolata võid

1 supilusikatäis oliiviõli

1 väike sibul peeneks hakitud

1 peeneks hakitud porgand

1 õrn selleriribi, peeneks hakitud

1 1/2 tassi kuiva valget veini

2 tl tomatipastat

1. Leota seeni vees vähemalt 30 minutit. Tõsta seened veest välja, jäta vedelik alles. Loputage seeni külma jooksva vee all, pöörates erilist tähelepanu varre otstele, kuhu mustus koguneb. Kurna reserveeritud seenevedelik läbi riidest salvrätiku või paberkohvifiltri kaussi. Haki seened suurteks tükkideks. Jäta see kõrvale.

2. Loputage vutt seest ja väljast ning kuivatage hoolikalt. Kontrollige nende sulgede suhtes ja eemaldage need. Aseta sisse peekonitükk, salveileht ning näpuotsaga soola ja pipart.

3. Kuumuta suurel pannil või ja õli keskmisel kuumusel. Lisa vutt ja küpseta aeg-ajalt keerates kuni kuldpruunini, umbes 15 minutit. Tõsta vutt taldrikule. Lisa pannile sibul, porgand ja seller. Küpseta sageli segades 5 minutit või kuni see on pehmenenud.

4. Lisa vein ja hauta 1 minut. Lisa seened, tomatipasta ja seenevedelik. Tõsta vutid pannile tagasi. Puista peale soola ja pipraga.

5. Lase vedelik keema tõusta. Vähendage kuumust madalaks. Kata kaanega ja küpseta, vutti aeg-ajalt keerates ja pestes, umbes 1 tund või kuni linnud on kahvliga läbitorkamisel väga pehmed.

6. Kui pannil on liiga palju vedelikku, tõsta vutid serveerimistaldrikule ja kata soojana hoidmiseks alumiiniumfooliumiga. Tõsta kuumus kõrgeks ja keeda vedelikku, kuni see väheneb. Vala kaste vuti peale ja serveeri kohe.

Grillitud vutt

Qualie alla Griglia

Serveerib 2 kuni 4

Orvieto restoran La Badia on spetsialiseerunud puuküttega grillil küpsetatud lihale. Vorstid, linnud ja röstitud oad pöörlevad aeglaselt leekide kohal, täites restorani maitsvate aroomidega. Need grillil või röstis küpsetatud vutid on inspireeritud nendest, mida ma Umbrias sõin. Linnud on pealt krõbedad ja seest mahlased.

4 vutti, külmutatud korral sulatatud

1 suur küüslauguküüs, peeneks hakitud

1 spl värsket hakitud rosmariini

1 1/4 tassi oliiviõli

Sool ja värskelt jahvatatud must pipar

1 sidrun ribadeks lõigatud

1. Loputage vutt seest ja väljast ning kuivatage hoolikalt. Kontrollige nende sulgede suhtes ja eemaldage need. Lõika vutt linnukääride abil pooleks mööda selga ja rinnaku. Koputage vutipoolikut õrnalt lihavasara või kummihaamriga, et need veidi lamedamaks muutuksid.

2. Segage suures kausis küüslauk, rosmariin, õli, sool ja pipar maitse järgi. Lisa vutt kaussi, viska katteks. Kata ja jahuta 1 tund kuni üleöö.

3. Asetage grill või grill umbes 5 tolli kaugusele soojusallikast. Kuumuta grill või grill.

4. Grilli või rösti vutipoolikuid, kuni need on mõlemalt poolt hästi pruunistunud, umbes 10 minutit. Serveeri kuumalt sidruniviiludega.

Vutt tomati ja rosmariiniga

Quaglie kastmega

Teeb 4 kuni 8 portsjonit

Lõuna-Itaalias Aadria mere rannikul asuv Molise on üks riigi vähemtuntud piirkondi. See on suures osas põllumajanduslik, turistidele mõeldud vähe võimalusi ning kuni 1960. aastateni kuulus see tegelikult Abruzzo ja Molise ühendatud piirkonda. Käisime abikaasaga külastamas veinimõisa ja agroturismi Majo di Norante (töötav talu või veinikelder, mis toimib ka võõrastemajana), kus toodetakse piirkonna parimaid veine.

Roosmariiniga maitsestatud heledas tomatikastmes valmistatud vutti sõime Vecchia Trattoria da Toninos Campobassos. Proovige seda Majo di Norante veiniga, nagu Sangiovese.

1 väike hakitud sibul

2 untsi hakitud peekonit

2 supilusikatäit oliiviõli

8 värsket või sulatatud külmutatud vutti

1 spl värsket hakitud rosmariini

Sool ja värskelt jahvatatud must pipar

3 supilusikatäit tomatipastat

1 tass kuiva valget veini

1. Küpseta suurel tihedalt suletava kaanega pannil sibulat ja peekonit oliiviõlis keskmisel kuumusel, kuni sibul on kuldne, umbes 10 minutit. Suru koostisosad panni külgedele.

2. Loputage vutt seest ja väljast ning kuivatage hoolikalt. Kontrollige nende sulgede suhtes ja eemaldage need. Lisage pannile vutid ja pruunistage neid umbes 15 minutit. Puista peale rosmariini ning maitse järgi soola ja pipart.

3. Sega väikeses kausis tomatipasta ja vein. Vala segu vuti peale ja viska korralikult läbi. Vähenda kuumust miinimumini. Kata kaanega ja küpseta, vutti aeg-ajalt keerates, umbes 50 minutit või kuni see on kahvliga läbitorkamisel väga pehme. Serveeri kuumalt.

Hautatud vutt

Quaglie Stufate

Teeb 4 portsjonit

Gianni Cosetti on Friuli-Venezia Giulia mägises Carnia piirkonnas Tolmezzos asuva restorani Roma kokk ja omanik. See on kuulus traditsiooniliste retseptide ja kohalike koostisosade kaasaegsete tõlgenduste poolest. Kui ma seal einesin, ütles ta mulle, et see retsept on traditsiooniliselt valmistatud cucadest, väikestest jahilindudest, keda kütiti, kui nad iga-aastasel rändel piirkonnas läbisid. Tänapäeval kasutab Gianni ainult värskeid jahilinde ja mähib need peekonijope sisse, et hoida neid toiduvalmistamise ajal niiskena ja pehmena. Ta soovitas neid serveerida schioppetini ehk Friulist pärit punase veiniga.

8 vutti

16 kadakamarja

Umbes 16 värsket salveilehte

4 küüslauguküünt, õhukeselt viilutatud

Sool ja värskelt jahvatatud must pipar

8 õhukest peekoni viilu

2 supilusikatäit soolata võid

2 supilusikatäit oliiviõli

1 tass kuiva valget veini

1. Loputage vutt seest ja väljast ning kuivatage hoolikalt. Kontrollige nende sulgede suhtes ja eemaldage need. Täitke iga vutt 2 kadakamarja, salveilehe ja mõne küüslauguviiluga. Puista linnud soola ja pipraga. Aseta igale vutile salveileht. Rulli peekon lahti ja keera iga vuti ümber viil. Seo peekoni ümber tükk kööginööri, et see paigal püsiks.

2. Suurel tihedalt suletava kaanega pannil sulata keskmisel kuumusel või koos õliga. Lisa vutt ja pruunista linde umbes 15 minutit.

3. Lisa vein ja lase keema tõusta. Kata pann kaanega, alanda kuumust ja küpseta vutti mitu korda vedelikuga keerates ja pesides 45–50 minutit või kuni vutt on väga pehme. Lisage veidi vett, kui pann liiga palju kuivab. Serveeri kuumalt.

Grillitud praad, Firenze stiilis

Praad Fiorentina

Teeb 6 kuni 8 portsjonit

Itaalia parima kvaliteediga veiseliha pärineb suurest puhtast valgest veisetõust, mida tuntakse Chianina nime all. See Toscana Chiana oru järgi nime saanud tõug on arvatavasti üks vanimaid koduveiste liike. Algselt peeti neid veoloomadena ning aretati väga suurteks ja kuulekateks. Kuna tänapäevastes farmides on nende töö üle võtnud masinad, kasvatatakse nüüd Chianina veiseid kvaliteetse liha pärast.

Porterhouse'i pihvid, mis on T-kujulise kondiga eraldatud lühikesest seljast ja sisefileest, lõigatakse Chianina pealihast ja küpsetatakse sel viisil Toscanas. Kuigi Chianina veiseliha pole Ameerika Ühendriikides saadaval, saate selle retseptiga siiski maitsvaid praade. Ostke parima kvaliteediga liha.

2 porterhouse steiki, paksusega 1 1/2 tolli (igaüks umbes 2 naela)

Sool ja värskelt jahvatatud must pipar

Ekstra neitsioliiviõli

Sidruni viilud

1. Asetage grill või grill umbes 4 tolli kaugusele soojusallikast. Kuumuta grill või grill.

2. Puista steigid soola ja pipraga. Grilli liha 4–5 minutit. Pöörake liha tangidega ja küpseta veel umbes 4 minutit hariliku puhul või 5 kuni 6 minutit, olenevalt praadide paksusest. Et kontrollida, kas see on küpsenud, tehke kõige paksemasse kohta väike sisselõige. Pikemaks küpsetamiseks viige praed grilli jahedamasse ossa.

3. Lase praadidel 5 minutit puhata, enne kui lõikad ristipidi õhukesteks viiludeks. Puista peale veel soola ja pipart. Nirista üle õliga. Serveeri kuumalt sidruniviiludega.

Filee palsamiglasuuriga

Balsamico praad

Teeb 6 portsjonit

Lahja kondita seelikupihv maitseb suurepäraselt, kui seda enne grillimist või röstimist palsamiäädika ja oliiviõliga üle valada. Balsamiäädikas sisaldab naturaalseid suhkruid, nii et kui seda lihale enne grillimist, röstimist või röstimist kanda, aitab see moodustada kena pruuni kooriku, mis suleb lihamahla ja muudab maitse pehmeks. Kasutage parimat võimalikku palsamiäädikat.

2 spl ekstra neitsioliiviõli pluss veel niristamiseks

2 spl palsamiäädikat

1 peeneks hakitud küüslauguküüs

1 seelikupraad, umbes 1 1/2 naela

Sool ja värskelt jahvatatud must pipar

1. Segage õli, äädikas ja küüslauk madalas tassis, mis mahutab praad. Lisa praad, keerake see marinaadiga katteks. Kata kaanega ja pane kuni 1 tunniks külmkappi, aeg-ajalt praadi keerates.

2.Asetage grill või grill umbes 4 tolli kaugusele soojusallikast. Kuumuta grill või grill. Eemalda praad marinaadist ja patsuta kuivaks. Prae või prae steiki 3–4 minutit. Keera liha tangidega ümber ja küpseta veel umbes 3 minutit hariliku puhul või 4 minutit, olenevalt pihvi paksusest. Et kontrollida, kas see on küpsenud, tehke kõige paksemasse kohta väike sisselõige. Pikemaks küpsetamiseks vii praad grilli jahedamasse ossa.

3.Puista praad soola ja pipraga. Lase 5 minutit puhata, enne kui lõikad liha üle tera õhukesteks viiludeks. Nirista peale veidi ekstra neitsioliiviõli.

Kammkarbi filee šalottsibula, peekoni ja punase veiniga

Bistecca Rosso veinis

Teeb 4 portsjonit

Õrnad koorega praed saavad maitsetugevdamist peekonist, šalottsibulast ja punasest veinist.

2 supilusikatäit soolata võid

1 paks viil peekon (umbes 1 unts), peeneks hakitud

2 kondita kammkarbi fileed, umbes 1 tolli paksused

Sool ja värskelt jahvatatud must pipar

1 1/4 tassi hakitud šalottsibulat

1 1/2 tassi kuiva punast veini

1/2 tassi omatehtud **Lihapuljong** või poest ostetud veiselihapuljong

2 spl palsamiäädikat

1. Kuumuta ahi temperatuurini 200° F. Sulata suurel pannil keskmisel kuumusel 1 spl võid. Lisa peekon. Küpseta, kuni

peekon on pruunistunud, umbes 5 minutit. Eemalda peekon skimmeriga ja vala rasv ära.

2. Patsutage praed kuivaks. Sulata samal pannil keskmisel kuumusel ülejäänud supilusikatäis võid. Kui võivaht vaibub, asetage praed pannile ja küpseta kuldpruuniks 4–5 minutit. Puista peale soola ja pipraga. Pöörake liha tangidega ja küpseta 4 minutit teiselt poolt haruldase jaoks või 5 kuni 6 minutit harva. Et kontrollida, kas see on küpsenud, tehke kõige paksemasse kohta väike sisselõige. Tõsta praed kuumakindlale plaadile ja hoia ahjus soojas.

3. Lisa pannile šalottsibul ja küpseta segades 1 minut. Lisa vein, puljong ja balsamico. Kuumuta keemiseni ja keeda, kuni vedelik on paks ja magus, umbes 3 minutit.

4. Lisa peekon pannimahladele. Vala kaste praadidele ja serveeri kohe.

Viilutatud filee raketiga

Straccetti di Manzo

Teeb 4 portsjonit

Straccetti tähendab "väikesi lappe", mida need kitsad liharibad meenutavad. Enne selle roa valmistamist asetage liha sügavkülma, kuni see on piisavalt kõva, et õhukesteks viiludeks lõigata. Valmistage kõik koostisosad ette, kuid ärge pange salat enne liha küpsetamist.

2 kimp rukolat

4 supilusikatäit ekstra neitsioliiviõli

1 spl palsamiäädikat

1 supilusikatäis hakitud šalottsibulat

Sool ja värskelt jahvatatud must pipar

1 1/4 naela lahja kondita välisfilee või muu õrn praad

1 tl värsket hakitud rosmariini

1. Kärbi rukola, visake ära varred ja muljutud lehed. Peske neid mitu korda külma veega. Kuivatage väga hästi. Lõika rukola väikesteks tükkideks.

2. Sega suures kausis 2 spl õli, äädikat, šalottsibulat ning maitse järgi soola ja pipart.

3. Lõika filee terava viilutusnoaga risti-rästi väga õhukesteks viiludeks. Kuumuta suur ja raske pann keskmisel kuumusel. Kui see on väga kuum, lisa ülejäänud 2 supilusikatäit oliiviõli. Asetage lihaviilud pannile ühe kihina, vajadusel partiidena, ja küpsetage kuni pruunistumiseni, umbes 2 minutit. Keera liha tangidega ümber ja puista peale soola ja pipart. Küpseta, kuni see on väga kergelt pruunistunud, umbes 1 minut.

4. Sega rukola lisandiga ja tõsta taldrikule. Aseta veiseliha viilud raketile ja puista rosmariin. Serveeri kohe.

Filee praed gorgonzolaga

Filetto di Manzo al Gorgonzola

Teeb 4 portsjonit

Sisefilee steigid on maheda maitsega, kuid see luksuslik kaste annab neile palju iseloomu. Laske lihunikul küpsetamise hõlbustamiseks lõigata praed mitte rohkem kui 1,5 tolli paksuseks ja siduda iga praad oma kuju säilitamiseks kööginööriga. Mõõtke ja pange kõik koostisosad kindlasti ritta enne toiduvalmistamise alustamist, sest see läheb väga kiiresti.

4 välisfilee steiki, umbes 1 tolli paksused

Ekstra neitsioliiviõli

Sool ja värskelt jahvatatud must pipar

3 supilusikatäit soolata võid

1 väike šalottsibul, peeneks hakitud

1 1/4 tassi kuiva valget veini

1 supilusikatäis Dijoni sinepit

Umbes 4 untsi gorgonzola juustu, koorimata ja tükkideks lõigatud

1. Hõõru praed oliiviõliga ning puista peale soola ja pipart. Katke ja jahutage. Eemaldage praed külmkapist umbes 1 tund enne küpsetamist.

2. Kuumuta ahi temperatuurini 200 ° F. Sulata 2 supilusikatäit võid suurel pannil keskmisel kuumusel. Kui võivaht taandub, patsuta praed kuivaks. Asetage need pannile ja küpseta kuldpruuniks 4–5 minutit. Pöörake liha tangidega ja küpsetage teiselt poolt, 4 minutit, kui see on haruldane, või 5 kuni 6 minutit, kui see on poolharv. Et kontrollida, kas see on küpsenud, tehke kõige paksemasse kohta väike sisselõige. Tõsta praed kuumakindlale plaadile ja hoia ahjus soojas.

3. Lisa pannile šalottsibul ja küpseta segades 1 minut. Lisa vein ja sinep. Alanda kuumust ja lisa gorgonzola. Lisage praadide ümber kogunenud mahlad. Eemaldage tulelt ja segage ülejäänud 1 spl võid.

4. Vala kaste praadidele ja serveeri.

Tomatikastmega täidetud liharullid

Braciole al Pomodoro

Teeb 4 portsjonit

Õhukesed veiselihalõigud sobivad suurepäraselt braciole'i, tavaliselt hääldatava bra-zholl'i jaoks, mis on maitsev aeglaselt küpsetatud lemmik. Otsige suuri lihalõike, millel pole palju sidekudet, et need hoiaksid hästi oma kuju.

Braciole'i saab küpsetada osana Napoli raguu. Mõned kokad täidavad bratsioli kõvaks keedetud munaga, teised aga lisavad põhitäidisele rosinaid ja piiniaseemneid.

4 õhukest kondita veise sisefilee viilu, umbes 1 nael

3 peeneks hakitud küüslauguküünt

2 supilusikatäit riivitud Roman Pecorino juustu

2 supilusikatäit hakitud värsket peterselli

Sool ja värskelt jahvatatud must pipar

2 supilusikatäit oliiviõli

1 tass kuiva punast veini

2 tassi konserveeritud imporditud Itaalia tomateid mahlaga, lastud läbi toiduveski

4 värsket basiilikulehte, lõigatud väikesteks tükkideks

1. Asetage liha kahe kiletüki vahele ja peksake seda õrnalt lihavasara või kummivasara lameda küljega, kuni see on ühtlase 1/8-tollise paksusega. Visake ülemine plastikust osa ära.

2. Reserveeri kastmeks 1 hakitud küüslauguküüs. Puista lihale ülejäänud küüslauk, juust, petersell ning maitse järgi soola ja pipart. Rullige iga tükk nagu vorsti ja siduge see nagu väike praad puuvillase kööginööriga.

3. Kuumuta suures potis õli. Lisa braciole. Küpseta liha aeg-ajalt pöörates, kuni see on üleni pruunistunud, umbes 10 minutit. Puista ülejäänud küüslauk liha ümber ja küpseta 1 minut. Lisa vein ja hauta 2 minutit. Lisa tomatid ja basiilik.

4. Kata kaanega ja hauta liha aeg-ajalt keerates, kuni see on kahvliga läbitorkamisel pehme, umbes 2 tundi. Lisa veidi vett, kui kaste muutub liiga paksuks. Serveeri kuumalt.

Veiseliha ja õlu

Carbonata di Bue

Teeb 6 portsjonit

Veiseliha, õlu ja sibul on selles Lõuna-Tirooli hautises võidukas kombinatsioon. See sarnaneb piiri tagant pärit Prantsuse veisekarbonaadiga.

Kondita veiseliharoog on hea valik toiduvalmistamiseks. Sellel on piisavalt marmorit, et püsida pikema küpsetamise ajal niiske.

4 supilusikatäit soolata võid

2 supilusikatäit oliiviõli

3 keskmist sibulat (umbes 1 nael), õhukesteks viiludeks

3 naela kondita veiselihahautis, lõigatud 1 1/2-tollisteks tükkideks

1 1/2 tassi universaalset jahu

12 untsi õlut, ükskõik millist

2 tassi kooritud, seemnetest puhastatud ja tükeldatud värskeid tomateid või konserveeritud tomatipüreed

Sool ja värskelt jahvatatud must pipar

1. Sulata 2 spl võid 1 spl õliga suurel pannil keskmisel-madalal kuumusel. Lisage sibulad ja küpsetage sageli segades, kuni sibul on kergelt pruunistunud, umbes 20 minutit.

2. Suures potis või muus tihedas, tihedalt suletava kaanega potis sulata keskmisel kuumusel ülejäänud või koos õliga. Suru pool lihast jahu sisse ja raputa üleliigne maha. Pruunista tükid igast küljest hästi, umbes 10 minutit. Tõsta liha taldrikule. Korrake ülejäänud lihaga.

3. Eemaldage rasv pannilt. Lisa õlu ja hauta, kraapides panni põhja, et pruunistunud tükid õlle sisse seguneksid. Küpseta 1 minut.

4. Asetage rest ahju keskele. Kuumuta ahi temperatuurini 375 ° F. Pange kogu liha tagasi pajarooga. Lisa sibulad, tomatid, maitse järgi soola ja pipart. Lase vedelik keema tõusta.

5. Kata pann kaanega ja küpseta ahjus aeg-ajalt segades 2 tundi või kuni liha on noaga läbitorkamisel pehme. Serveeri kuumalt.

Liha ja sibulahautis

karbonaadist

Teeb 6 portsjonit

Trentino-Alto Adige's valmistatakse seda eelmisega sarnase nimega hautist punase veini ja vürtsidega. Mõnikord asendatakse pealiha ulukiliha või muu ulukilihaga. Pehme võine polenta on selle rammusa hautise klassikaline kaaslane, kuid mulle meeldib see ka koosLillkapsa püree.

3 supilusikatäit soolata võid

3 supilusikatäit oliiviõli

2 keskmist sibulat, neljaks lõigatud ja õhukesteks viiludeks

1 1/2 tassi universaalset jahu

3 naela kondita veiseliha, lõigatud 2-tollisteks tükkideks

1 tass kuiva punast veini

1/8 tl jahvatatud kaneeli

1/8 tl jahvatatud nelki

1/8 tl jahvatatud muskaatpähklit

1 tass veiselihapuljongit

Sool ja värskelt jahvatatud must pipar

1. Sulata suurel pannil keskmisel-madalal kuumusel 1 spl võid 1 spl õliga. Lisa sibulad ja küpseta, aeg-ajalt segades, kuni see on väga pehme, umbes 15 minutit.

2. Suures potis või muus tihedas, tihedalt suletava kaanega potis sulata keskmisel kuumusel ülejäänud või koos õliga. Laota jahu vahatatud paberilehele. Veereta liha jahus, raputades üleliigne maha. Lisage pannile ainult nii palju tükke, et need mahuksid mugavalt ilma tunglemiseta. Kui liha pruunistub, tõsta see taldrikule, seejärel prae samamoodi ülejäänud liha.

3. Kui kogu liha on pruunistunud ja eemaldatud, lisa pannile vein ja hauta, kraapides panni põhja, et pruunistatud tükid seguneksid veiniga. Hauta 1 minut.

4. Tõsta liha tagasi pannile. Lisa sibul, maitseained ja puljong. Maitsesta soola ja pipraga. Lase keema tõusta ja kata pann kaanega. Küpseta aeg-ajalt segades 3 tundi või kuni liha on

kahvliga läbitorkamisel väga pehme. Lisage veidi vett, kui vedelik muutub liiga paksuks. Serveeri kuumalt.

Veisehautis pipraga

Pepós

Teeb 6 portsjonit

Toskaanlased valmistavad seda vürtsikat hautist vasikaliha või vasikalihaga, aga mina eelistan kasutada kondita veiselihahautist. La Gran Cucina Toscana autori Giovanni Righi Parenti sõnul päästsid kokad pipraterad salaamiviiludest, kuni pipar oli juba ammu liiga kallis, kuni peponi valmistamiseks jätkus.

Mu sõber Marco Bartolini Baldelli, Fattoria di Bagnolo veinitehase omanik, rääkis mulle, et see hautis oli Impruneta linna Toscana müürseppade lemmik, kes seda oma ahjus küpsetasid. Pudel Fattoria di Bagnolo Chianti Colli Fiorentini Riservat oleks ideaalne kaaslane.

2 supilusikatäit oliiviõli

3 naela veiseliha, lõigatud 2-tollisteks tükkideks

Sool ja värskelt jahvatatud must pipar

2 peeneks hakitud küüslauguküünt

2 tassi kuiva punast veini

1½ tassi kooritud, seemnetest puhastatud ja tükeldatud tomateid

1 tl värskelt jahvatatud musta pipart või maitse järgi

1. Kuumutage õli keskmisel kuumusel suures hollandi ahjus või muus sügavas ja raskes, tihedalt suletava kaanega potis. Patsutage liha kogu ulatuses kuivaks ja pruunistage, partiidena, ilma panni ummistamata, umbes 10 minutit partii kohta. Puista peale soola ja pipraga. Tõsta liha taldrikule.

2. Lisa pannil olevale rasvale küüslauk. Lisage punane vein, maitse järgi soola ja pipart ning tomatid. Lase keema tõusta ja tõsta liha pannile tagasi. Lisa nii palju külma vett, et liha oleks kaetud. Katke pott. Alanda kuumust ja küpseta aeg-ajalt segades 2 tundi.

3. Lisa vein ja küpseta veel 1 tund või kuni liha on kahvliga läbitorkamisel väga pehme. Katsetage ja reguleerige sauna. Serveeri kuumalt.

Friuli veiselihahautis

Manço Squazetile

Teeb 6 portsjonit

Kana, veiseliha ja part on vaid mõned erinevat tüüpi liha, mida küpsetatakse harva, mis tähendab Friuli-Venezia Giulia dialektis "hautis".

1 1/2 tassi porcini seeni, kuivatatud

1 tass sooja vett

1 1/4 tassi oliiviõli

3 naela veiseliha, lõigatud 2-tollisteks tükkideks

2 suurt sibulat, peeneks hakitud

2 supilusikatäit tomatipastat

1 tass kuiva punast veini

2 loorberilehte

Näputäis jahvatatud nelki

Sool ja värskelt jahvatatud must pipar

2 isetehtud tassi<u>Lihapuljong</u>või poest ostetud veiselihapuljong

1. Leota seeni vees 30 minutit. Eemalda seened ja jäta vedelik alles. Liiva eemaldamiseks loputage seeni jooksva külma vee all, pöörates erilist tähelepanu varte otstele, kuhu muld koguneb. Haki seened suurteks tükkideks. Kurna seenevedelik läbi paberkohvifiltri kaussi.

2. Kuumuta suurel pannil keskmisel kuumusel õli. Patsuta liha kuivaks. Lisa liha ja pruunista igast küljest hästi umbes 10 minutit, tõsta tükid pruunistudes taldrikule.

3. Lisage sibulad potti ja küpseta, kuni see on pehme, umbes 5 minutit. Lisa tomatipasta. Lisa vein ja lase vedelikul podiseda.

4. Tõsta liha tagasi pannile. Lisa seened ja nende vedelik, loorberilehed, nelk ning maitse järgi soola-pipart. Lisa puljong. Kata kaanega ja hauta aeg-ajalt segades, kuni liha on pehme ja vedelik väheneb, 21/2 kuni 3 tundi. Kui vedelikku on liiga palju, avage pott viimase 30 minuti jooksul. Eemalda loorberilehed. Serveeri kuumalt.

Segalihahautis, hunteri stiilis

Scottiglia

Teeb 8 kuni 10 portsjonit

Toscanas, kui liha oli vähe, kogunesid mitmed jahimehed kokku ja panustasid selle keeruka hautise valmistamiseks väikesed lihatükid. Lisada või asendada võib kõike alates veise-, kana-, lamba- või sealihast kuni faasani, küüliku või pärlkanani. Mida suurem on liha valik, seda rikkalikum on hautis maitse.

1 1/4 tassi oliiviõli

1 kana, lõigatud 8 ossa

1 kilo kondita veiselihahautist, lõigatud 2-tollisteks tükkideks

1 nael lambaõla, lõigatud 2-tollisteks tükkideks

1 nael sea abatükk, lõigatud 2-tollisteks tükkideks

1 suur lilla sibul, peeneks hakitud

2 pehmet sellerit, tükeldatud

2 suurt porgandit, peeneks hakitud

2 peeneks hakitud küüslauguküünt

1 tass kuiva punast veini

Sal

1/2 tl purustatud punast pipart

2 tassi hakitud tomateid, värskeid või konserveeritud

1 spl värsket hakitud rosmariini

2 isetehtud tassi<u>Kanasupp,Lihapuljong</u>, või poest ostetud veise- või kanapuljong

kaunistama

8 viilu Itaalia või Prantsuse leiba

2 küüslauguküünt, kooritud

1. Kuumutage õli keskmisel kuumusel Hollandi ahjus, mis on piisavalt suur, et mahutada kõik koostisosad, või mõnes teises sügavas ja raskes, tihedalt suletava kaanega potis. Patsuta liha kuivaks. Lisage ainult nii palju tükke, kui need ühe kihina mugavalt ära mahuvad. Pruunista tükid korralikult läbi,

umbes 10 minutit partii kohta, seejärel tõsta taldrikule. Jätka, kuni kogu liha on pruunistunud.

2. Lisa pannile sibul, seller, porgand ja küüslauk. Küpseta sageli segades, kuni see on pehme, umbes 10 minutit.

3. Tõsta liha tagasi pannile ja lisa vein, maitse järgi sool ja purustatud punane pipar. Lase vedelik keema tõusta. Lisa tomatid, rosmariin ja puljong. Alanda kuumust nii, et vedelik vaevu mullitab. Küpseta aeg-ajalt segades, kuni kogu liha on pehme, umbes 90 minutit. (Kui kaste on liiga kuiv, lisage veidi vett.)

4. Rösti saiaviilud ja hõõru neid kooritud küüslauguga. · Asetage liha ja kaste suurde allikasse. Asetage leivaviilud kõikjale. Serveeri kuumalt.

Eimillestki hautis

Guljašš di Manzo

Teeb 8 portsjonit

Trentino-Alt Adige põhjaosa kuulus kunagi Austria koosseisu; Itaalia annekteeris selle pärast Esimest maailmasõda. Selle tulemusena on toit Austria, kuid Itaalia aktsendiga.

Kuivatatud vürtsid, nagu paprika, on head alles umbes kuus kuud pärast anuma avamist. Pärast seda maitse kaob. Seda hautist tehes tasub osta uus purk. Kasutage kindlasti Ungarist imporditud paprikat. Oma maitse järgi võid kasutada kogu magusat paprikat või magusa ja vürtsika kombinatsiooni.

3 spl seapekki, peekonirasva või taimeõli

2 naela keskmist kondita veiseliha, lõigatud 2-tollisteks tükkideks

Sool ja värskelt jahvatatud must pipar

3 suurt sibulat, õhukeselt viilutatud

2 hakitud küüslauguküünt

2 tassi kuiva punast veini

1/4 tassi Ungari magusat paprikat või magusa ja kuuma paprika kombinatsiooni

1 loorberileht

2-tollised sidrunikoore ribad

1 spl topelt kontsentreeritud tomatipastat

1 tl jahvatatud köömneid

1 1/2 tl kuivatatud majoraani

Värske sidrunimahl

1. Kuumutage või või rasv keskmisel kuumusel suures Hollandi ahjus või muus sügavas, tihedas ja tihedalt suletava kaanega potis. Patsuta liha kuivaks ja lisa pannile vaid need tükid, mis ühe kihina mugavalt ära mahuvad. Pruunista tükid korralikult läbi, umbes 10 minutit partii kohta. Tõsta liha taldrikule ja puista peale soola ja pipart.

2. Lisa pannile sibul ja küpseta, sageli segades, kuni see on pehme ja kuldne, umbes 15 minutit. Lisa küüslauk. Lisa vein ja

kraabi panni põhja. Tõsta liha tagasi pannile. Lase vedelik keema tõusta.

3. Lisa paprika, loorberileht, sidrunikoor, tomatipasta, köömned ja majoraan. Lisa nii palju vett, et liha oleks vaevu kaetud.

4. Kata pott kaanega ja küpseta 21/2 kuni 3 tundi või kuni liha on kahvliga pehme. Lisa sidrunimahl. Eemalda loorberileht ja sidrunikoor. Katsetage ja reguleerige sauna. Serveeri kuumalt.

Rooma stiilis härjasabahautis

Coda alla Vaccinara

Teeb 4 kuni 6 portsjonit

Kuigi härjasabadel on vähe liha, on see, mis on Rooma moodi hautatud, väga maitsev ja õrn. Ülejäänud kaste sobib hästi rigatoni või muu paksuks lõigatud pasta peale.

1 1/4 tassi oliiviõli

3 naela härjasaba, lõigatud 1 1/2-tollisteks tükkideks

1 suur sibul, hakitud

2 peeneks hakitud küüslauguküünt

1 tass kuiva punast veini

2 1/2 tassi kooritud, seemnetest puhastatud ja tükeldatud värskeid tomateid või kuivatatud ja tükeldatud konservtomateid

1/4 tl jahvatatud nelki

Sool ja värskelt jahvatatud must pipar

2 tassi vett

6 pehmet sellerit, tükeldatud

1 supilusikatäis tükeldatud kibešokolaadi

3 supilusikatäit piiniaseemneid

3 supilusikatäit rosinaid

1. Kuumuta suures potis või muus sügavas õhukindla kaanega raskes potis oliiviõli. Patsuta härjasaba kuivaks ja lisa pannile vaid need tükid, mis ühe kihina mugavalt ära mahuvad. Pruunista tükid korralikult läbi, umbes 10 minutit partii kohta. Tõsta tükid taldrikule.

2. Lisa sibul ja prae aeg-ajalt segades kuldseks. Lisa küüslauk ja küpseta veel 1 minut. Lisa vein, kraapides panni põhja.

3. Tõsta härjasaba pannile tagasi. Lisa tomatid, nelk, maitse järgi sool ja pipar ning vesi. Kata pann kaanega ja lase vedelikul tasasel tulel podiseda. Alanda kuumust ja küpseta aeg-ajalt segades, kuni liha on pehme ja hakkab luude küljest lahti kukkuma, umbes 3 tundi.

4. Samal ajal keeda suur kastrul vett. Lisa seller ja küpseta 1 minut. Nõruta hästi.

5. Sega pannil šokolaad härjasabadega. Lisa seller, seedermänniseemned ja rosinad. Lase keema tõusta. Serveeri kuumalt.

Veiseliha hautatud jalg

Garretto al vein

Teeb 6 portsjonit

Selles rikkalikult maitsestatud, aeglaselt valmivas roas küpsetatakse paksud veisekoiva viilud koos köögiviljade ja punase veiniga. Kaasas olevad keedetud köögiviljad püreeritakse keedumahlaga, et saada lihale maitsev kaste. Serveeri kartuli või polenta kõrvale või vala peale kastetKartuli gnocchi.

2 supilusikatäit soolata võid

1 supilusikatäis oliiviõli

3 (1 1/2 tolli paksust) viilu veisekajala (umbes 3 naela), peeneks lõigatud

Sool ja värskelt jahvatatud must pipar

4 hakitud porgandit

3 tükeldatud selleriribi

1 suur sibul, hakitud

2 tassi kuiva punast veini

1 loorberileht

1. Sulata või koos õliga suures Hollandi ahjus või muus sügavas, raskes, tihedalt suletava kaanega potis. Patsutage liha kuivaks ja pruunistage korralikult, umbes 10 minutit. Puista peale soola ja pipraga. Tõsta liha taldrikule.

2. Lisa köögiviljad ja küpseta sageli segades, kuni need on kaunilt pruunid, umbes 10 minutit.

3. Lisa vein ja küpseta, kraapides puulusikaga panni põhja. Hauta veini 1 minut. Tõsta liha potti tagasi ja lisa loorberileht.

4. Kata pann kaanega ja alanda kuumust madalale. Kui vedelik aurustub liiga palju, lisa veidi sooja vett. Küpseta 2 1/2 kuni 3 tundi, aeg-ajalt liha keerates, kuni noaga läbitorkamisel pehme.

5. Tõsta liha alusele ja kata soojas hoidmiseks. Loorberileht tagasi lükata. Aja köögiviljad läbi toiduveski või püreesta

blenderis. Katsetage ja reguleerige sauna. Vajadusel soojendage uuesti. Vala lihale köögiviljakaste. Serveeri kohe.

Lihaga täidetud baklažaan

Baklažaan Ripiene

Teeb 4 kuni 6 portsjonit

Väikesed, umbes kolme tolli pikkused baklažaanid sobivad ideaalselt täidiseks. Need on kuumad või toatemperatuuril.

2½ tassi mis tahes <u>Tomati kaste</u>

8 beebi baklažaani

Sal

12 untsi veisehakkliharibi

2 untsi hakitud salaamit või imporditud Itaalia prosciuttot

1 suur muna

1 peeneks hakitud küüslauguküüs

⅓ tassi kuiva riivsaia

¼ tassi riivitud Roman Pecorinot või Parmigiano-Reggiano

2 supilusikatäit hakitud värsket peterselli

Sool ja värskelt jahvatatud must pipar

1. Vajadusel valmista tomatikaste. Seejärel asetage rest ahju keskele. Kuumuta ahi temperatuurini 375 ° F. Määrige 12 × 9 × 2-tolline küpsetusvorm.

2. Pane suur pott vett keema. Lõika baklažaanidel pealsed ära ja lõika pikuti pooleks. Lisa baklažaanid vette, maitse järgi soola. Hauta, kuni baklažaan on pehme, 4–5 minutit. Pane baklažaanid kurni nõrguma ja jahtuma.

3. Eemaldage väikese lusikaga igast baklažaanist viljaliha, jättes alles 1/4 tolli paksuse kesta. Tükeldage viljaliha ja asetage see suurde kaussi. Aseta kestad küpsetusnõusse nahk allapoole.

4. Lisa baklažaani viljalihale veiseliha, salaami, muna, küüslauk, riivsai, juust, petersell ning maitse järgi soola-pipart. Vala segu baklažaanikoortele, silu pealt pealt. Vala tomatikaste baklažaanidele.

5. Küpseta kuni täidis on läbi küpsenud, umbes 20 minutit. Serveeri kuumalt või toatemperatuuril.

Napoli lihapallid

lihapall

Teeb 6 portsjonit

Mu ema valmistas neid lihapalle kord nädalas, et lisada need suurele potti raguule. Kui ta ei vaadanud, tõmbas keegi ühe potist välja, et võileivaks süüa. Muidugi ta teadis, nii et ta tegi sageli topeltpartii.

3 tassi<u>Napoli raguu</u>või<u>marinara kaste</u>

1 nael veisehakklihariba

2 suurt muna, lahtiklopitud

1 suur küüslauguküüs, peeneks hakitud

1 1/2 tassi värskelt riivitud Roman Pecorinot

1 1/2 tassi riivsaia

2 supilusikatäit peeneks hakitud värsket lamedate lehtedega peterselli

1 tl soola

Värskelt jahvatatud must pipar

1 1/4 tassi oliiviõli

1. Vajadusel valmista raguu või kaste. Seejärel segage suures kausis liha, munad, küüslauk, juust, riivsai, petersell ning maitse järgi soola ja pipart. Segage kõik koostisosad kätega korralikult läbi.

2. Loputage käsi külmas vees, et vältida kleepumist, seejärel vormige segu kergelt 2-tollisteks pallideks. (Kui valmistate lihapalle, mida kasutada lasanjes või küpsetatud zitis, siis vormige lihast väikesed pallid, mis on umbes väikese viinamarja suurused.)

3. Kuumuta suurel pannil keskmisel kuumusel õli. Lisa lihapallid ja prae kuni kuldpruunini, umbes 15 minutit. (Keera need tangidega ettevaatlikult ümber). Tõsta lihapallid taldrikule.

4. Tõsta lihapallid raguu- või tomatikastme pannile. Hauta kuni keedetud, umbes 30 minutit. Serveeri kuumalt.

Lihapallid piiniaseemnete ja rosinatega

Polpette koos Pinoli ja Uve Secchega

Teeb 20 2-tollist lihapalli

Hea lihapalli või mahlase lihaleiva saladus on lisada segule leiba või riivsaia. Leib imab lihast mahla ja hoiab seda liha küpsemise ajal endas. Eriti krõbeda välisilme jaoks veeretatakse neid lihapalle enne küpsetamist ka riivsaias. Selle retsepti andis mulle mu sõber Kevin Benvenuti, kes omab Floridas Westinis gurmeepoodi. Retsept oli tema vanaemalt Carolinalt.

Mõnele kokale meeldib praadimisetapp vahele jätta ja lihapallid otse kastmele lisada. Lihapallid on pehmemad. Eelistan praadimisel saadavat kindlamat tekstuuri ja paremat maitset.

   3 tassi<u>Napoli raguu</u>või mõni muu<u>tomati kaste</u>

1 tass kuiva riivsaia

4 viilu Itaalia leiba, koorikuta ja väikesteks tükkideks lõigatud (umbes 2 tassi)

1 1/2 tassi piima

2 naela segatud veise-, veise- ja sealiha

4 suurt muna, kergelt lahti klopitud

2 peeneks hakitud küüslauguküünt

2 supilusikatäit peeneks hakitud värsket lamedate lehtedega peterselli

1 1/2 tassi rosinaid

1 1/2 tassi piinia pähkleid

1/2 tassi riivitud Roman Pecorinot või Parmesani-Reggiano

1 1/2 tl soola

1/4 tl värskelt jahvatatud muskaatpähklit

Värskelt jahvatatud must pipar

1 1/4 tassi oliiviõli

1. Vajadusel valmista raguu või kaste. Aseta riivsai madalasse kaussi. Seejärel leotage leiba 10 minutit piimas. Nõruta leib ja pigista liigne vedelik välja.

2. Segage suures kausis liha, leib, munad, küüslauk, petersell, rosinad, piiniapähklid, juust, sool, muskaatpähkel ja pipar maitse järgi. Segage kõik koostisosad kätega korralikult läbi.

3. Loputage käsi külmas vees, et vältida kleepumist, seejärel vormige segu kergelt 2-tollisteks pallideks. Veereta lihapallid kergelt riivsaias.

4. Kuumuta suurel pannil keskmisel kuumusel õli. Lisa lihapallid ja prae kuni kuldpruunini, umbes 15 minutit. (Keera need tangidega ettevaatlikult ümber).

5. Aseta lihapallid raguu või kastme sisse. Hauta kuni keedetud, umbes 30 minutit. Serveeri kuumalt.

Lihapallid kapsa ja tomatiga

Polpettine Stufato koos Cavologa

Teeb 4 portsjonit

Lihapallid on üks neist hinge rahuldavatest roogadest, mida valmistatakse peaaegu kõikjal, kindlasti igas Itaalia piirkonnas. Itaallased aga ei serveeri kunagi lihapalle spagettidega. Nad tunnevad, et liha raskus mõjuks õrnadele pastakiududele üle. Samuti on pasta esimene roog ja iga hammustusest suuremat liha serveeritakse teise käiguna. Selles Friuli-Venezia Giulia retseptis serveeritakse lihapalle hautatud kapsaga. See on toekas roog külmal ööl serveerimiseks.

2 peeneks hakitud küüslauguküünt

2 supilusikatäit oliiviõli

1 väike kapsas, riivitud

1 1/2 tassi konserveeritud terveid tomateid, nõrutatud, tükeldatud

Sal

lihapallid

1 tass koorikuta Itaalia või Prantsuse leib, rebitud

1 1/2 tassi piima

1 nael veisehakkliharibi

1 suur muna, lahtiklopitud

1/2 tassi värskelt riivitud Parmigiano-Reggiano

1 suur küüslauguküüs, hakitud

2 supilusikatäit hakitud värsket peterselli

Sool ja värskelt jahvatatud must pipar

1 1/4 tassi oliiviõli

1. Küpseta suures potis oliiviõlis keskmisel kuumusel küüslauku, kuni see on kergelt pruunistunud, umbes 2 minutit. Lisage kapsas ja segage hästi. Lisa tomatid ja maitse järgi soola. Kata kaanega ja hauta aeg-ajalt segades 45 minutit.

2. Sega keskmises kausis leib ja piim. Laske 10 minutit seista, seejärel pigistage liigne piim välja.

3. Segage suures kausis liha, leib, muna, juust, küüslauk, petersell ning maitse järgi soola ja pipart. Segage kõik koostisosad kätega korralikult läbi.

4. Loputage käsi külmas vees, et vältida kleepumist, seejärel vormige lihasegust kergelt 2-tollised pallid. Kuumuta suurel pannil keskmisel kuumusel õli. Prae lihapallid üleni kuldpruuniks. (Keera need tangidega ettevaatlikult ümber). Tõsta lihapallid taldrikule.

5. Kui kapsaga potis on palju vedelikku, jäta kaas peale ja küpseta, kuni see väheneb. Lisa lihapallid ja kata need kapsaga. Küpseta veel 10 minutit. Serveeri kuumalt.

Lihapallid, Bologna stiilis

Bolognese lihapall

Teeb 6 portsjonit

See retsept on minu mugandus Bolognas asuvast Trattoria Gigina roast. Kuigi see on sama omatehtud nagu iga lihapalliretsept, muudab liha segus olev mortadella ja tomatikastmes koor selle pisut keerukamaks.

Salsa

1 väike sibul peeneks hakitud

1 keskmine porgand, peeneks hakitud

1 väike õrn sellerivars, peeneks hakitud

2 supilusikatäit oliiviõli

1½ tassi tomatipüreed

1½ tassi rasket koort

Sool ja värskelt jahvatatud must pipar

lihapallid

1 kilo lahja veisehakkliha

8 untsi mortadella

1/2 tassi värskelt riivitud Parmigiano-Reggiano

2 suurt muna, lahtiklopitud

1/2 tassi kuiva riivsaia

1 tl mere- või koššersoola

1 1/4 tl jahvatatud muskaatpähklit

Värskelt jahvatatud must pipar

1. Valmistage kaste: küpsetage sibul, porgand ja seller oliiviõlis keskmisel kuumusel suures kastrulis või sügavas pannil kuldseks ja pehmeks, umbes 10 minutit. Lisa tomat, koor, maitse järgi soola ja pipart. Lase keema tõusta.

2. Valmista lihapallid: aseta lihapallide koostisosad suurde kaussi. Segage kõik koostisosad kätega korralikult läbi.

Loputage käsi külmas vees, et vältida kleepumist, seejärel vormige segu kergelt 2-tollisteks pallideks.

3. Tõsta lihapallid keevasse kastmesse. Katke ja küpseta, lihapalle aeg-ajalt keerates, kuni need on keedetud, umbes 20 minutit. Serveeri kuumalt.

Lihapallid Marsalas

Lihapallid Marsalaga

Teeb 4 portsjonit

Mu sõber Arthur Schwartz, Napoli köögi autor, kirjeldas mulle seda retsepti, mis tema sõnul on Napolis väga populaarne.

1 tass koorikuta Itaalia leiba, lõigatud tükkideks

1 1/4 tassi piima

Umbes 1/2 tassi universaalset jahu

1 nael ümmargune hakkliha

2 suurt muna, lahtiklopitud

1/2 tassi värskelt riivitud Parmigiano-Reggiano

1/4 tassi hakitud sinki

2 supilusikatäit hakitud värsket peterselli

Värskelt jahvatatud sool ja pipar

3 supilusikatäit soolata võid

1 1/2 tassi kuiva Marsala

1/2 tassi omatehtud<u>Lihapuljong</u>või poest ostetud veiselihapuljong

1. Leota leiba väikeses kausis 10 minutit piimas. Pigista vedelik välja. Aseta jahu madalasse kaussi.

2. Pane suurde kaussi leib, liha, munad, juust, sink, petersell, sool ja pipar. Segage kõik koostisosad kätega korralikult läbi. Loputage käsi külmas vees, et vältida kleepumist, seejärel vormige segu kergelt kaheksaks 2-tolliseks palliks. Veereta pallikesed jahus.

3. Sulata või keskmisel-madalal kuumusel piisavalt suurel pannil, et mahutada kõik lihapallid. Lisa lihapallid ja küpseta neid ettevaatlikult tangidega keerates kuldpruuniks, umbes 15 minutit. Lisa Marsala ja puljong. Küpseta, kuni vedelik on vähenenud ja lihapallid on läbi küpsenud, 4–5 minutit. Serveeri kuumalt.

Lihapirukas, vana Napoli stiil

Polpettone di Santa Chiara

Teeb 4 kuni 6 portsjonit

See retsept nõuab ahjus küpsetamist, kuigi algselt pruunistati leib täielikult pannil ja küpsetati seejärel kaetud pannil vähese veiniga. Keskel asuvad kõvaks keedetud munad loovad kangi lõikamisel sihipärase efekti. Kuigi see retsept nõuab tervet veist, sobib hästi jahvatatud liha segu.

2/3 tassi ühepäevast koorikuta Itaalia leiba

1 1/3 tassi piima

1 nael ümmargune hakkliha

2 suurt muna, lahtiklopitud

Sool ja värskelt jahvatatud must pipar

4 untsi suitsutamata sinki, tükeldatud

1 1/2 tassi hakitud Roman Pecorino või provolone juustu

4 spl kuiva riivsaia

2 kõvaks keedetud muna

1. Asetage rest ahju keskele. Kuumuta ahi temperatuurini 350 ° F. Määrige 9-tolline kandiline küpsetuspann.

2. Leota leiba 10 minutit piimas. Pigista leiba, et liigne vedelik eemaldada.

3. Sega suures kausis liha, leib, munad ning maitse järgi soola ja pipart. Lisa sink ja juust.

4. Laota suurele vahapaberilehele pool riivsaiast vahapaberitükile. Laota pool lihasegust küpsetuspaberile 8×4-tolliseks ristkülikuks. Aseta kaks kõvaks keedetud muna pikkupidi keskele ritta. Kuhja peale ülejäänud lihasegu, surudes liha umbes 8 tolli pikkuseks korralikuks palgiks. Asetage leib ettevalmistatud vormi. Puista pealt ja külgedelt ülejäänud puruga.

5. Küpseta leiba umbes 1 tund või kuni sisetemperatuur jõuab kiirloetava termomeetriga 155 °F-ni. Enne viilutamist laske 10 minutit jahtuda. Serveeri kuumalt.

Potipraad punase veiniga

Barolos hautatud

Teeb 6 kuni 8 portsjonit

Piemonte kokad hautavad suuri lihatükke piirkonna Barolo veinis, kuid hästi sobiks ka teine toekas kuiv punane vein.

3 supilusikatäit oliiviõli

1 taldrik kondita või alumine ümmargune rostbiif (umbes 3 1/2 naela)

2 untsi hakitud peekonit

1 keskmine sibul, hakitud

2 peeneks hakitud küüslauguküünt

1 tass kuiva punast veini, näiteks Barolo

2 tassi kooritud, seemnetest puhastatud ja tükeldatud tomateid

2 isetehtud tassi<u>Lihapuljong</u>või poest ostetud veiselihapuljong

2 viilutatud porgandit

1 viil sellerit

2 supilusikatäit hakitud värsket peterselli

Sool ja värskelt jahvatatud must pipar

1. Kuumutage õli keskmisel kuumusel suures hollandi ahjus või muus sügavas ja raskes, tihedalt suletava kaanega potis. Lisa liha ja pruunista korralikult, umbes 20 minutit. Maitsesta maitse järgi soola ja pipraga. Tõsta taldrikule.

2. Eemaldage kõik rasv, välja arvatud kaks supilusikatäit. Lisa potti peekon, sibul ja küüslauk. Küpseta sageli segades, kuni see on pehme, umbes 10 minutit. Lisa vein ja lase keema tõusta.

3. Lisa tomatid, puljong, porgand, seller ja petersell. Kata pann kaanega ja lase vedelikul tasasel tulel podiseda. Hauta liha aeg-ajalt pöörates 2 1/2 kuni 3 tundi või kahvliga läbitorkamisel pehmeks.

4. Tõsta liha taldrikule. Kata ja hoia soojas. Kui potis olev vedelik tundub liiga lahja, tõsta kuumust ja keeda, kuni see on veidi vähenenud. Maitse kastet ja kohanda maitsestamiseks. Lõika liha viiludeks ja serveeri kuumalt koos kastmega.

Röstitud potis sibulakastme ja pastaga

Genovese

Teeb 8 portsjonit

Selle õrna prae peamisteks maitseaineteks on sibul, porgand, prosciutto ja salaami. See on vana Napoli retsept, mis erinevalt enamikust piirkonna roogadest ei sisalda tomateid. Ajaloolased selgitavad, et sajandeid tagasi viisid Genova ja Napoli sadamate vahel reisinud meremehed selle roa koju.

Genovese oli minu vanaema spetsialiteet, kes serveeris sibulakastet mafalda, pikkade lainelise servaga pastapaelte või pikkade fusillide peale. Seejärel söödi viilutatud liha koos ülejäänud kastmega teise käiguna.

2 supilusikatäit oliiviõli

1 taldrik kondita või alumine ümmargune rostbiif (umbes 3 1/2 naela)

Sool ja värskelt jahvatatud must pipar

6 kuni 8 keskmist sibulat (umbes 3 naela), õhukeselt viilutatud

6 keskmist porgandit, õhukeselt viilutatud

2 untsi Genova salaami, õhukeselt viilutatud

2 untsi imporditud Itaalia prosciutto, õhukeselt viilutatud

1 nael mafalde või fusilli

Värskelt riivitud Parmesan-Reggiano või Pecorino Romana

1. Asetage rest ahju keskele. Kuumuta ahi temperatuurini 325 ° F. Kuumutage õli keskmisel kuumusel suures Hollandi ahjus või muus sügavas ja raskes, tihedalt suletava kaanega potis. Lisa liha ja pruunista korralikult, umbes 20 minutit. Puista peale soola ja pipraga. Kui liha on täielikult pruunistunud, tõsta see taldrikule ja nõruta rasv potist.

2. Valage potti 1 tass vett ja kraapige puulusikaga põhja, et pruunistunud tükid lahti saada. Lisa potti sibul, porgand, salaami ja prosciutto. Tõsta röst tagasi potti. Kata ja lase vedelik keema tõusta.

3. Tõsta pott ahju. Küpseta liha aeg-ajalt pöörates 2 1/2–3 tundi. või kahvliga läbitorkamisel väga pehmeks.

4. Umbes 20 minutit enne liha valmimist keeda suur pott vett. Lisage 2 supilusikatäit soola, seejärel pasta, surudes õrnalt alla, kuni see on täielikult veega kaetud. Küpseta kuni al dente, lihtsalt pehme, kuid hammustuseni kõva.

5. Kui see on valmis, tõsta liha taldrikule. Kata ja hoia soojas. Lase kastmel veidi jahtuda. Püreesta poti sisu läbi köögiveski või blenderdades köögikombainis või blenderis. Katsetage ja reguleerige sauna. Tõsta kaste tagasi potti koos lihaga. Kuumutage õrnalt uuesti.

6. Serveeri pasta peale veidi kastet. Puista peale juust. Vajadusel soojendage kastet ja liha uuesti. Lõika liha viiludeks ja serveeri teise käiguna koos ülejäänud kastmega.

Sitsiilia täidisega veiseliharull

Farsumagru

Teeb 6 portsjonit

Farsumagru, sitsiilia dialektis või vale magre, tavalises itaalia keeles, tähendab "vale kõhn". Nimetus viitab tõenäoliselt rikkalikule täidisele, mida leidub õhukese lihalõigu sees. Sellel roal on palju variatsioone. Mõned kokad kasutavad välisrulliks pealiha asemel veiselihaviilu ja sealihavorsti asemel täidises veisehakk- või pealiha. Mõnikord kasutatakse prosciutto asemel sinki, salaamit või peekonit. Teised kokad lisavad keedukastmesse köögivilju, näiteks kartuleid või herneid.

Selle retsepti kõige raskem osa on saada üks lihaviil, mille suurus on umbes 8 × 6 × 1⁄2 tolli, mida saab 1⁄4 tolli paksuseks hakkida. Paluge oma lihunikul see teie eest ära lõigata.

12 untsi Itaalia sealihavorsti, roogitud

1 lahtiklopitud muna

1 1/2 tassi värskelt riivitud Roman Pecorinot

¼ tassi peent kuiva riivsaia

2 supilusikatäit hakitud värsket peterselli

1 peeneks hakitud küüslauguküüs

Sool ja värskelt jahvatatud must pipar

1 nael 1/2 tolli paksust kondita veise sisefilee

2 untsi imporditud Itaalia prosciutto, õhukeselt viilutatud

2 kõvaks keedetud muna, kooritud

3 supilusikatäit oliiviõli

1 peeneks hakitud sibul

1 1/2 tassi kuiva valget veini

1 purk (28 untsi) purustatud tomateid

1 tass vett

1. Sega suures kausis kokku sealiha, muna, juust, riivsai, petersell, küüslauk ning maitse järgi sool ja pipar.

2. Asetage suur tükk kilega tasasele pinnale ja asetage liha peale. Asetage liha peale teine kileleht ja koputage seda õrnalt, et liha tasandaks, kuni see on umbes 1/4 tolli paksune.

3. Visake ülemine plastleht ära. Aseta lihale serrano singi viilud. Määri lihasegu singile, jättes ümberringi 1/2-tollise äärise. Aseta kõvaks keedetud munad reas liha pikale küljele. Voldi liha pikuti munade ja täidise peale ning keera kokku nagu tarretiserull, kasutades kokkurullimiseks alumist kilelehte. Seo rull puuvillase kööginööriga 1-tolliste vahedega nagu prae.

4. Kuumutage õli keskmisel kuumusel suures Hollandi ahjus või muus sügavas tihedas tihedalt suletava kaanega potis. Lisa liharull ja pruunista hästi ühelt poolt, umbes 10 minutit. Keera liha tangidega ümber ja puista sibul laiali. Pruunista liha teiselt poolt, umbes 10 minutit.

5. Lisa vein ja lase keema tõusta. Lisa purustatud tomatid ja vesi. Kata pann kaanega ja küpseta liha aeg-ajalt pöörates umbes 1 1/2 tundi või kuni liha on kahvliga läbitorkamisel pehme.

6. Tõsta liha taldrikule. Lase lihal 10 minutit jahtuda. Eemaldage nöörid ja lõigake rull 1/2-tollisteks viiludeks. Asetage viilud

soojale alusele. Vajadusel soojendage kastet uuesti. Vala kaste lihale ja serveeri.

Röstitud filee oliivikastmega

Filee all Olive

Teeb 8 kuni 10 portsjonit

Elegantse õhtusöögi kõrvale sobib õrn praepraad. Serveeri kuumalt või toatemperatuuril koos maitsva oliivikastme või aseainega<u>Päikesekuivatatud tomatite kaste</u>. Ärge kunagi küpsetage seda lihatükki rohkem kui pooleldi toorelt, vastasel juhul on see kuiv.

<u>Oliivikaste</u>

3 supilusikatäit oliiviõli

2 spl palsamiäädikat

1 tl soola

Värskelt jahvatatud must pipar

1 veise sisefilee, kärbitud ja seotud (umbes 4 naela)

1 spl värsket hakitud rosmariini

1. Vajadusel valmista kaste. Vahusta õli, äädikas, sool ja jahvatatud pipar. Pane liha suurde röstimisnõusse ja vala peale marinaad, keerates liha üleni. Kata pann alumiiniumfooliumiga ja lase 1 tund toatemperatuuril või kuni 24 tundi külmkapis marineerida.

2. Asetage rest ahju keskele. Kuumuta ahi temperatuurini 425 ° F. Rösti liha 30 minutit või kuni temperatuur kõige paksemas osas jõuab kiirloetava termomeetriga keskmise haru puhul 125 °F-ni. Tõsta röst ahjust küpsetusplaadile.

3. Enne viilutamist laske 15 minutit puhata. Lõika liha 1/2-tollisteks viiludeks ja serveeri kuumalt või toatemperatuuril koos kastmega.

Keedetud liha segatud

Bullet Mist

Teeb 8 kuni 10 portsjonit

Boixeta mista, mis tähendab "segakeetmist", on liha ja köögiviljade kombinatsioon, mis on hautatud keevas vedelikus. Põhja-Itaalias lisatakse esimese roa valmistamiseks makarone puljongile. Liha lõigatakse viiludeks ja serveeritakse erinevate kastmetega. Bufet misto on väga pidulik ja teeb muljetavaldava õhtusöögi rahvahulgale.

Igal piirkonnal on selleks oma viis. Piemontelased nõuavad, et see peab olema valmistatud seitsmest lihast ja serveeritud tomatikastme ja paprikaga. Salsa verde on ilmselt kõige traditsioonilisem, samas kui Emilia-Romagnas ja Lombardias on tüüpiline mostarda, magusas sinepisiirupis konserveeritud puuviljad. Mostardat saab osta paljudelt Itaalia turgudelt ja gurmeepoodidest.

Kuigi pirukat pole keeruline valmistada, nõuab see pikka küpsetusaega. Arvutage umbes neli tundi alates kütte sisselülitamise hetkest. Kui kõik lihad on küpsed, võib neid veel tund aega potis soojas hoida. Cotechino või muu suure vorsti keetmiseks on vaja eraldi potti, sest sellest eralduv rasv muudab puljongi rasvaseks.

Lisaks kastmetele meeldib mulle serveerida liha koos aurutatud köögiviljadega, näiteks porgandi, suvikõrvitsa ja kartuliga.

1 suur küps tomat, poolitatud ja seemnetest puhastatud

4 oksa vartega peterselli

2 lehtedega sellerit, hakitud suurteks tükkideks

2 suurt porgandit, hakitud suurteks tükkideks

1 suur sibul, hakitud suurteks tükkideks

1 tera küüslauku

1 kondita rostbiif, umbes 3 naela

Sal

<u>roheline kastevõiPunane pipar ja tomatikaste</u>

1 kondita veiseliha abatükk, rullitud ja seotud, umbes 3 naela

1 cotechino või muu suur küüslauguvorst, umbes 1 nael

1 terve kana, umbes 3 1/2 naela

1. Kombineerige 5-gallonises potis või kahes väiksemas sama mahutavusega potis köögiviljad ja 3 liitrit vett. Kuumuta keskmisel kuumusel keema.

2. Lisa liha ja 2 tl soola. Keeda 1 tund pärast seda, kui vedelik on uuesti keema tõusnud. Vahepeal valmista vajadusel kaste.

3. Lisage veiseliha potti; pärast vedeliku keetmist keetke 1 tund. Vajadusel lisa veel vett, et liha kataks.

4. Eraldi potis segage cotechino veega nii, et see kataks 1 tolli võrra. Kata ja lase podiseda. Küpseta 1 tund.

5. Lisa kana koos veiseliha ja lihaga potti. Kuumuta keemiseni ja küpseta kana üks või kaks korda keerates 1 tund või kuni kogu liha on kahvliga läbitorkamisel pehme.

6. Eemaldage puljongi pinnalt rasv suure lusikaga. Maitse ja reguleeri soola. (Kui serveerite puljongit esimese roana, kurna osa puljongist potti, jättes lihad koos ülejäänud puljongiga potti soojaks. Lase puljong keema ja keeda selles pasta. Serveeri kuumalt koos Parmigianiga Reggian.)

7. Pane valmis suur kuumutatud pott. Lõika liha viiludeks ja pane taldrikule. Nirista peale veidi puljongit. Serveeri viilutatud liha kohe koos enda valitud kastmetega.

Grillitud marineeritud sealihakotletid

Braciole di Maiale ai Ferri

Teeb 6 portsjonit

See on suurepärane retsept suvisteks kiireteks õhtusöökideks. Seakarbonaadi küpsemise kontrollimiseks tehke luu lähedalt lõige. Liha peaks olema veel kergelt roosakas.

1 tass kuiva valget veini

1 1/4 tassi oliiviõli

1 väike sibul, õhukeselt viilutatud

1 peeneks hakitud küüslauguküüs

1 spl värsket hakitud rosmariini

1 spl hakitud värsket salvei

6 keskele lõigatud sea seljatükki, umbes 3/4 tolli paksused

Sidruniviilud, kaunistamiseks

1. Sega vein, õli, sibul, küüslauk ja ürdid küpsetusnõusse, mis on piisavalt suur, et hoida ribisid ühes kihis. Lisa ribid, kata ja pane vähemalt 1 tunniks külmkappi.

2. Asetage grill või grill umbes 5 tolli kaugusele soojusallikast. Kuumuta grill või grill. Patsutage ribid paberrätikutega kuivaks.

3. Röstige liha 5–8 minutit või kuni see on hästi pruunistunud. Pöörake ribid tangidega ümber ja küpsetage teiselt poolt 6 minutit või kuni need on kuldpruunid ja luu lähedalt lõigates kergelt roosakad. Serveeri kuumalt, kaunistatud sidruniviiludega.

Ribid, Friuli stiilis

Puntature di Maiale alla Friulana

Teeb 4 kuni 6 portsjonit

Fruilis hautatakse ribisid seni, kuni liha on pehme ja kukub luu küljest lahti. Serveeri neid kartulipudru või lihtsa risotoga.

2 isetehtud tassiLihapuljongvõi poest ostetud veiselihapuljong

3 naela sealihakotletid, lõigatud üksikuteks ribideks

3 1/4 tassi universaalset jahu

Sool ja värskelt jahvatatud must pipar

3 supilusikatäit oliiviõli

1 suur sibul, hakitud

2 keskmist porgandit, tükeldatud

1 1/2 tassi kuiva valget veini

1. Vajadusel valmista puljong. Patsutage ribid paberrätikutega kuivaks.

2.Sega vahatatud paberitükil jahu, sool ja pipar maitse järgi. Veereta ribisid jahus, seejärel loksuta üleliigse eemaldamiseks.

3.Kuumuta suures raskes potis õli keskmisel kuumusel. Lisage nii palju ribisid, kui need ühe kihina mugavalt mahuvad, ja pruunistage igast küljest hästi umbes 15 minutit. Tõsta ribid taldrikule. Korrake, kuni kõik ribid on kuldpruunid. Nõruta kõik rasv ära, välja arvatud 2 supilusikatäit.

4.Lisa pannile sibul ja porgand. Küpseta aeg-ajalt segades, kuni see on kergelt pruunistunud, umbes 10 minutit. Lisa vein ja küpseta 1 minut, kraapides kokku ja segades puulusikaga panni põhjas pruunistunud tükid. Tõsta ribid pannile tagasi ja lisa puljong. Lase vedelik keema tõusta. Alandage kuumust madalaks, katke kaanega ja küpseta aeg-ajalt segades umbes 1 1/2 tundi või kuni liha on väga pehme ja kukub luu küljest lahti. (Lisage vett, kui liha muutub liiga kuivaks).

5.Tõsta ribid soojale serveerimistaldrikule ja serveeri kohe.

Ribid tomatikastmega

Pomodoro punch

Teeb 4 kuni 6 portsjonit

Mu abikaasa ja mina võtsime selliseid ribisid lemmikosterias, mis on juhuslik pere stiilis restoran Roomas nimega Enoteca Corsi. See avaneb ainult lõunaks ja menüü on väga piiratud. Kuid iga päev on see täis töötajate horde lähedal asuvatest kontoritest, keda meelitavad selle väga õiglased hinnad ja maitsev kodune toit.

2 supilusikatäit oliiviõli

3 naela sealihakotletid, lõigatud üksikuteks ribideks

Sool ja värskelt jahvatatud must pipar

1 keskmine sibul, peeneks hakitud

1 keskmine porgand, peeneks hakitud

1 õrn selleriribi, peeneks hakitud

2 peeneks hakitud küüslauguküünt

4 salveilehte, tükeldatud

1 1/2 tassi kuiva valget veini

2 tassi konserveeritud purustatud tomateid

1. Kuumutage Hollandi ahjus või suures raskes kastrulis õli keskmisel kuumusel. Lisa nii palju ribisid, et need pannile mugavalt ära mahuksid. Pruunista neid korralikult, umbes 15 minutit. Tõsta ribid taldrikule. Puista peale soola ja pipraga. Jätka ülejäänud ribidega. Kui kõik on valmis, eemalda lusikaga kõik peale 2 spl rasva.

2. Lisage sibul, porgand, seller, küüslauk ja salvei ning küpseta, kuni see on pehmenenud, umbes 5 minutit. Lisa vein ja hauta 1 minut, segades puulusikaga ja kraapides kokku ja segades panni põhjas pruunistunud tükid.

3. Tõsta ribid pannile tagasi. Lisa tomatid, maitse järgi soola ja pipart. Küpseta 1–1 1/2 tundi või kuni ribid on väga pehmed ja liha hakkab luude küljest lahti kukkuma.

4. Tõsta ribid ja tomatikaste serveerimistaldrikule ning serveeri kohe.

Maitsestatud ribid, Toscana stiilis

Puntature alla Toscana

Teeb 4 kuni 6 portsjonit

Koos sõpradega Lucini oliiviõlifirmast külastasin Toscana Chianti piirkonna oliivisalusid. Meie ajakirjanike seltskond lõunatas oliivisalu. Peale erinevaid bruschette'i ja salaamit serveeriti meile praad, vorstid, ribid ja juurviljad, kõik viinapuulõikudel röstitud. Maitsva oliiviõli ja purustatud vürtside lisandiga marineeritud sealihakotletid olid minu lemmikud ning me kõik püüdsime ära arvata, mis segu sees on. Kaneel ja apteegitill olid lihtsad, kuid olime kõik üllatunud, kui saime teada, et veel üks vürts oli purustatud aniis. Mulle meeldib selle retsepti jaoks kasutada väikseid sealihakotlette, kuid ka sealiha kotletid sobiksid hästi.

2 tähtaniisi

1 supilusikatäis apteegitilli seemneid

6 kadakamarja, raske noa küljega kergelt purustatud

1 spl peent või košer-meresoola

1 tl kaneeli

1 tl peeneks jahvatatud musta pipart

Näputäis purustatud punast pipart

4 supilusikatäit oliiviõli

4 naela karbonaad, lõigatud üksikuteks ribideks

1. Sega vürtsiveski või segistis tähtaniis, apteegitill, kadakas ja sool. Jahvatage peeneks, umbes 1 minut.

2. Segage suures madalas kausis vürtsiveski sisu kaneeli ning punase ja musta pipraga. Lisage õli ja segage hästi. Hõõru seguga üle kogu ribi. Asetage ribid kaussi. Kata kilega ja hoia aeg-ajalt segades 24 tundi külmkapis.

3. Asetage grill või grill umbes 6 tolli kaugusele soojusallikast. Kuumuta grill või grill. Patsutage ribid kuivaks, seejärel grillige või röstige ribisid sageli keerates, kuni need on pruunistunud ja läbi küpsenud, umbes 20 minutit. Serveeri kuumalt.

Ribid ja oad

Puntini ja Fagioli

Teeb 6 portsjonit

Kui tean, et mind ootab ees kiire nädal, meeldib mulle selliseid hautisi vahustada. Need muutuvad paremaks ainult siis, kui need on enne tähtaega valmistatud ja vajavad vaid kiiret soojendamist, et valmistada rahuldav õhtusöök. Serveeri neid keedetud köögiviljadega, nagu spinat või endiivia, või rohelise salatiga.

2 supilusikatäit oliiviõli

3 naela maalähedases stiilis sealihakotletid, lõigatud üksikuteks ribideks

1 hakitud sibul

1 tükeldatud porgand

1 peeneks hakitud küüslauguküüs

2 1/2 naela värskeid tomateid, kooritud, seemnetest puhastatud ja tükeldatud või 1 purk (28 untsi) kooritud, tükeldatud tomateid

1 rosmariini oks (3 tolli)

1 tass vett

Sool ja värskelt jahvatatud must pipar

3 tassi keedetud või konserveeritud cannellini ube või jõhvikaid, nõrutatud

1. Kuumutage õli keskmisel kuumusel suures hollandi ahjus või muus sügavas ja raskes, tihedalt suletava kaanega potis. Lisa nii palju ribisid, et need pannile mugavalt ära mahuksid. Pruunista neid korralikult, umbes 15 minutit. Tõsta ribid taldrikule. Puista peale soola ja pipraga. Jätka ülejäänud ribidega. Kui kõik on valmis, vala peale 2 supilusikatäit rasva.

2. Lisa potti sibul, porgand ja küüslauk. Küpseta sageli segades, kuni köögiviljad on pehmed, umbes 10 minutit. Lisa ribid, seejärel tomatid, rosmariin, vesi ning maitse järgi soola ja pipart. Lase keema tõusta ja keeda 1 tund.

3. Lisa oad, kata ja küpseta 30 minutit või kuni liha on väga pehme ja hakkab luude küljest lahti kukkuma. Katsetage ja reguleerige sauna. Serveeri kuumalt.

Vürtsikad sealihakotletid marineeritud paprikaga

Braciole di Maiale koos Peperonciniga

Teeb 4 portsjonit

Vürtsikas marineeritud tšilli ja magus marineeritud paprika sobivad suurepäraseks lisandiks mahlaste sealihakotlettide kõrvale. Kohandage tšilli ja paprika proportsioone oma maitse järgi. Serveeri neid friikartulitega.

2 supilusikatäit oliiviõli

4 keskele lõigatud sea seljatükki, igaüks umbes 1 tolli paksune

Sool ja värskelt jahvatatud must pipar

4 küüslauguküünt, õhukeselt viilutatud

1 1/2 tassi viilutatud suhkrustatud paprikat

1/4 tassi viilutatud suhkrustatud kuuma paprikat, comoperoncinit või jalapeñot või rohkem paprikat

2 spl hapukurgimahla või valge veini äädikat

2 supilusikatäit hakitud värsket peterselli

1. Kuumuta suurel ja raskel pannil õli keskmisel-kõrgel kuumusel. Patsuta ribid paberrätikutega kuivaks, seejärel puista peale soola ja pipart. Küpseta ribisid kuldpruuniks, umbes 2 minutit, seejärel pööra tangidega ümber ja pruunista teine pool, veel umbes 2 minutit.

2. Vähenda kuumust keskmisele. Laota küüslauguviilud ümber ribide. Kata pann kaanega ja küpseta 5–8 minutit või kuni ribid on pehmed ja luu lähedalt lõikamisel kergelt roosad. Reguleeri kuumust nii, et küüslauk ei muutuks tumepruuniks. Tõsta ribid serveerimistaldrikule ja kata soojas hoidmiseks.

3. Lisa pannile magus ja vürtsikas paprika ning suhkrustatud mahl või äädikas. Küpseta segades 2 minutit või kuni paprika on läbi kuumenenud ja mahlad on magusad.

4. Lisa petersell. Vala panni sisu ribidele ja serveeri kohe.

Sealiha kotletid rosmariini ja õuntega

Braciole al Mele

Teeb 4 portsjonit

Õunte magus-hapu maitse täiendab suurepäraselt sealihakotlette. See retsept on pärit Friuli-Venezia Giuliast.

4 keskelt lõigatud sealihakotlet, igaüks umbes 1 tolli paksune

Sool ja värskelt jahvatatud must pipar

1 spl värsket hakitud rosmariini

1 spl soolata võid

4 kuldset maitsvat õuna, kooritud ja lõigatud 1/2-tollisteks tükkideks

1/2 tassiKanasupp

1. Patsutage liha paberrätikutega kuivaks. Puista ribi mõlemalt poolt soola, pipra ja rosmariiniga.

2. Suurel ja raskel pannil sulatage või keskmisel kuumusel. Lisa ribid ja küpseta, kuni need on ühelt poolt hästi pruunistunud,

umbes 2 minutit. Pööra ribid tangidega ümber ja pruunista teiselt poolt, veel umbes 2 minutit.

3. Laota õunad ribide ümber ja vala puljong. Kata pann kaanega ja alanda kuumust. Küpseta 5–10 minutit, keerates ribisid üks kord, kuni need on pehmed ja luu lähedalt lõigates kergelt roosad. Serveeri kohe.

Seakarbonaad seene-tomatikastmega

Costolette di Maiale koos Funghiga

Teeb 4 portsjonit

Sealihakotlette ostes otsige sarnase suuruse ja paksusega kotlette, et need küpseksid ühtlaselt. Valged seened, vein ja tomatid on nende sealiha kotlette kastmed. Sama töötlus sobib hästi ka veise ribidele.

4 supilusikatäit oliiviõli

4 keskele lõigatud sea seljatükki, igaüks umbes 1 tolli paksune

Sool ja värskelt jahvatatud must pipar

1 1/2 tassi kuiva valget veini

1 tass hakitud värskeid või konserveeritud tomateid

1 spl värsket hakitud rosmariini

1 pakk (12 untsi) valgeid seeni, kergelt loputatud, varrest eemaldatud ja poolitatud või neljaks lõigatud, kui need on suured

1. Kuumuta suurel ja raskel pannil keskmisel kuumusel 2 spl õli. Puista ribid soola ja pipraga. Asetage ribid pannile ühe kihina. Küpseta ühelt poolt kuldpruuniks, umbes 2 minutit. Pööra ribid tangidega ümber ja pruunista teiselt poolt, veel umbes 1–2 minutit. Tõsta ribid taldrikule.

2. Lisa pannile vein ja hauta. Lisa tomatid, rosmariin ning maitse järgi soola ja pipart. Katke ja küpseta 10 minutit.

3. Samal ajal kuumuta keskmisel pannil ülejäänud 2 spl õli keskmisel kuumusel. Lisage seened, maitse järgi soola ja pipart. Küpseta sageli segades, kuni vedelik on aurustunud ja seened on kuldpruunid, umbes 10 minutit.

4. Tõsta sealihatükid koos tomatikastmega pannile tagasi. Lisa seened. Katke ja küpseta veel 5–10 minutit või kuni sealiha on läbi küpsenud ja kaste veidi paksenenud. Serveeri kohe.

Sealiha kotletid porcini ja punase veiniga

Ribi seente ja veiniga

Teeb 4 portsjonit

Ribi või muude lihalõikude pruunistamine lisab maitset ja parandab nende välimust. Patsutage ribid alati enne pruunistamist kuivaks, kuna pinnale sattunud niiskus põhjustab liha aurutamist, mitte pruunistumist. Pärast pruunistamist hautatakse need ribid kuiva sealiha ja punase veiniga. Raske koor annab kastmele ühtlase tekstuuri ja rikkaliku maitse.

1 unts kuivatatud porcini seeni

1 1/2 tassi sooja vett

2 supilusikatäit oliiviõli

4 keskelt lõigatud sea seljatükki, umbes 1 tolli paksused

Sool ja värskelt jahvatatud must pipar

1 1/2 tassi kuiva punast veini

1 1/4 tassi rasket koort

1. Asetage seened veega kaussi. Lase 30 minutit puhata. Eemaldage seened vedelikust ja loputage neid hästi jooksva vee all, pöörates erilist tähelepanu varte alusele, kuhu muld koguneb. Nõruta, seejärel haki korralikult. Valage leotusvedelik läbi kohvifilterpaberi sõela kaussi.

2. Kuumuta suurel pannil keskmisel kuumusel õli. Patsuta ribid kuivaks. Asetage ribid pannile ühe kihina. Küpseta kuni kuldpruunini, umbes 2 minutit. Pööra ribid tangidega ümber ja pruunista teiselt poolt, veel umbes 1–2 minutit. Puista peale soola ja pipraga. Tõsta ribid taldrikule.

3. Lisa pannile vein ja hauta 1 minut. Lisa porcini ja nende leotusvedelik. Vähenda kuumust miinimumini. Hauta 5–10 minutit või kuni vedelik on vähenenud. Lisa koor ja küpseta veel 5 minutit.

4. Tõsta ribid pannile tagasi. Küpseta veel 5 minutit või kuni ribid on läbi küpsenud ja kaste paksenenud. Serveeri kohe.

Sealiha kotletid kapsaga

Costolette di Maiale koos Cavolo Rossoga

Teeb 4 portsjonit

Palsamiäädikas lisab punasele kapsale värvi ja magusust ning annab sealihale mõnusa tasakaalu. Selle retsepti jaoks ei pea te aniisipalsamiäädikat kasutama. Hoidke seda juustu või keedetud liha maitsestamiseks.

2 supilusikatäit oliiviõli

4 keskelt lõigatud sea seljatükki, umbes 1 tolli paksused

Sool ja värskelt jahvatatud must pipar

1 suur sibul, hakitud

2 küüslauguküünt, peeneks hakitud

2 naela Lombardia kapsast, lõigatud õhukesteks ribadeks

1 1/4 tassi palsamiäädikat

2 supilusikatäit vett

1. Kuumuta suurel pannil keskmisel kuumusel õli. Patsutage ribid paberrätikutega kuivaks. Lisa pannile ribid. Küpseta kuni kuldpruunini, umbes 2 minutit. Pöörake liha tangidega ja pruunistage teine pool veel umbes 1–2 minutit. Puista peale soola ja pipraga. Tõsta ribid taldrikule.

2. Lisa pannile sibul ja küpseta 5 minutit. Lisa küüslauk ja küpseta veel 1 minut.

3. Lisa kapsas, balsamico, vesi ja maitse järgi soola. Katke ja küpseta, aeg-ajalt segades, kuni kapsas on pehme, umbes 45 minutit.

4. Lisa pannile ribid ja küpseta, kastmes üks või kaks korda keerates, kuni liha on läbi küpsenud ja luu lähedalt lõigates kergelt roosakas, veel umbes 5 minutit. Serveeri kohe.

Sealiha kotletid apteegitilli ja valge veiniga

Braciole di Maiale al Vi

Teeb 4 portsjonit

Kui need ribid on valminud, ei jää pannile palju kastet, piisab lusikatäis või paar kontsentreeritud glasuuri, et liha niisutada. Kui eelistate apteegitilli seemneid mitte kasutada, proovige asendada supilusikatäis värsket rosmariini.

2 supilusikatäit oliiviõli

4 keskelt lõigatud sea seljatükki, umbes 1 tolli paksused

1 küüslauguküüs, kergelt purustatud

Sool ja värskelt jahvatatud must pipar

2 tl apteegitilli seemneid

1 tass kuiva valget veini

1. Kuumuta suurel pannil õli keskmisel-kõrgel kuumusel. Patsuta sealihakotletid kuivaks. Lisa pannile sealihakarbonaad ja küüslauk. Küpseta, kuni ribid on kuldpruunid, umbes 2 minutit. Puista peale

apteegitilliseemned ning sool ja pipar. Pöörake ribid tangidega ümber ja pruunistage teine pool, veel umbes 1-2 minutit.

2. Lisa vein ja lase keema tõusta. Katke ja küpseta 3–5 minutit või kuni ribid on läbi küpsenud ja luu lähedalt lõigates kergelt roosakad.

3. Tõsta ribid taldrikule ja visake küüslauk ära. Keeda pannimahla, kuni see on vähenenud ja paksenenud. Vala mahlad ribidele ja serveeri kohe.

Sealiha kotletid, pitsa stiilis

Braciole alla Pizzaiola

Teeb 4 portsjonit

Napolis saab seal valmistada ka sealihakotlette ja väikseid praade pizzaiola, pizzeria stiilis. Kastet serveeritakse tavaliselt esimese käiguna spagettidega. Ribisid serveeritakse teise käiguna koos rohelise salatiga. Kastet peaks jätkuma poole kilo spageti jaoks, ribidega serveerimiseks supilusikatäis või rohkemgi.

2 supilusikatäit oliiviõli

4 sealihakarbonaadi, umbes 1 tolli paksune

Sool ja värskelt jahvatatud must pipar

2 küüslauguküünt, peeneks hakitud

1 purk (28 untsi) kooritud, nõrutatud ja tükeldatud tomatid

1 tl kuivatatud pune

1 näputäis purustatud punast pipart

2 supilusikatäit hakitud värsket peterselli

1. Kuumuta suurel pannil keskmisel kuumusel õli. Patsuta ribid kuivaks ning puista peale soola ja pipraga. Lisa pannile ribid. Küpseta, kuni ribid on kuldpruunid, umbes 2 minutit. Pööra ribid tangidega ümber ja pruunista teiselt poolt, veel umbes 2 minutit. Tõsta ribid taldrikule.

2. Lisa pannile küüslauk ja küpseta 1 minut. Lisa tomatid, pune, punane pipar ja maitse järgi soola. Lase kaste keema tõusta. Küpseta aeg-ajalt segades 20 minutit või kuni kaste on paks.

3. Tõsta ribid kastmesse tagasi. Küpseta 5 minutit, keerates ribisid üks või kaks korda, kuni need on läbiküpsenud ja luu lähedalt lõigates kergelt roosakad. Puista peale petersell. Serveeri kohe või kui kasutad spagetikastet, kata ribid soojana hoidmiseks alumiiniumfooliumiga.

Seakarbonaad, Molise stiilis

Pampanella Sammartine

Teeb 4 portsjonit

Need ribid on vürtsikad ja ebatavalised. Oli aeg, mil Molise kokad kuivatasid paprika valmistamiseks ise päikese käes paprikat. Itaalias kasutatakse praegu kaubanduslikult toodetud magusat punast pipart. Ameerika Ühendriikides kasutage parima maitse saamiseks Ungarist imporditud paprikat.

Sealiha kotlette röstimine on keeruline, kuna need võivad väga kergesti kuivada. Jälgige neid hoolikalt ja küpseta neid seni, kuni liha on luu lähedal kergelt roosakas.

1/4 tassi magusat punast pipart

2 hakitud küüslauguküünt

1 tl soola

Jahvatatud punane pipar

2 supilusikatäit valge veini äädikat

4 keskelt lõigatud sea seljatükki, umbes 1 tolli paksused

1. Sega väikeses kausis paprika, küüslauk, sool ja näpuotsatäis purustatud punast pipart. Lisa äädikas ja sega ühtlaseks massiks. Aseta ribid taldrikule ja määri need üleni pastaga. Kata ja jahuta 1 tund kuni üleöö.

2. Asetage grill või grill umbes 6 tolli kaugusele soojusallikast. Kuumuta grill või grill. Küpseta seakarbonaad ühelt poolt pruuniks, umbes 6 minutit, seejärel keera liha tangidega ümber ja pruunista teine pool, veel umbes 5 minutit. Lõika ribid luu lähedalt; liha peaks olema kergelt roosakas. Serveeri kohe.

Balsamico glasuuritud sea sisefilee raketi ja parmesaniga

Balsamico sealiha salatiga

Teeb 6 portsjonit

Sea sisefilee valmib kiiresti ja on madala rasvasisaldusega. Siin on glasuuritud sealihaviilud paariks krõmpsuva rukolasalatiga. Kui te rukolat ei leia, asendage kress.

2 sea sisefileed (igaüks umbes 1 nael)

1 peeneks hakitud küüslauguküüs

1 spl palsamiäädikat

1 tl mett

Sool ja värskelt jahvatatud must pipar

salat

2 supilusikatäit oliiviõli

1 spl palsamiäädikat

Sool ja värskelt jahvatatud must pipar

6 tassi tükeldatud, loputatud ja kuivatatud rukolat

Tükk Parmesani-Reggiano

1. Asetage rest ahju keskele. Kuumuta ahi temperatuurini 450 ° F. Määrige sealiha mahutamiseks piisavalt suur küpsetusplaat.

2. Patsutage sealiha paberrätikutega kuivaks. Pöörake õhukesed otsad alla, et oleks ühtlane paksus. Asetage praed pannile tolli kaugusel.

3. Sega väikeses kausis küüslauk, äädikas, mesi ning maitse järgi sool ja pipar.

4. Pintselda segu lihale. Aseta sealiha ahju ja küpseta 15 minutit. Vala liha ümber 1/2 tassi vett. Röstige veel 10 kuni 20 minutit või kuni see on kuldne ja pehme. (Sealiha valmib siis, kui sisetemperatuur jõuab kiirloetava termomeetri järgi 150 °F-ni.) Eemaldage sealiha ahjust. Jätke see pannile ja laske sellel vähemalt 10 minutit puhata.

5. Vahusta suures kausis õli, äädikas, maitse järgi sool ja pipar. Lisa rakett ja sega lisandiga. Kuhjake rukola suure pajavormi või üksikute taldrikute keskele.

6. Viiluta sealiha õhukeselt ja aseta köögiviljade ümber. Nirista üle pannimahladega. Kasutades pöörleva teraga köögiviljakoorijat, raseerige rukola peale õhukesed Parmigiano-Reggiano viilud. Serveeri kohe.

Seafilee ürtidega

Maiale alle Erbe filee

Teeb 6 portsjonit

Nüüd on saadaval sea sisefileed, mida tavaliselt pakitakse kaks paki kohta. Nad on lahjad ja õrnad, kui neid ei küpseta kaua, kuigi maitse on väga mahe. Grillimine annab neile rohkem maitset ja neid saab serveerida kuumalt või toatemperatuuril.

2 sea sisefileed (igaüks umbes 1 nael)

2 supilusikatäit oliiviõli

2 supilusikatäit hakitud värsket salvei

2 spl hakitud värsket basiilikut

2 supilusikatäit värsket hakitud rosmariini

1 peeneks hakitud küüslauguküüs

Sool ja värskelt jahvatatud must pipar

1. Patsutage liha paberrätikutega kuivaks. Aseta seafileed taldrikule.

2. Sega väikeses kausis õli, ürdid, küüslauk ning maitse järgi soola-pipart. Hõõru seguga pihvid üle. Kata kaanega ja jahuta vähemalt 1 tund või kuni üleöö.

3. Kuumuta grill või grill. Röstige praed 7–10 minutit või kuni need on kuldpruunid. Pöörake liha tangidega ja küpseta veel 7 minutit või kuni keskele sisestatud kiirloetav termomeeter registreerib 150° F. Maitsesta soolaga. Enne viilutamist laske lihal 10 minutit puhata. Serveeri kuumalt või toatemperatuuril.

Calabrese seafilee mee ja Tšiiliga

Carn 'ncantarata

Teeb 6 portsjonit

Rohkem kui üheski teises Itaalia piirkonnas lisavad Calabria kokad oma kööki tšillipipra. Tšillit kasutatakse värskelt, kuivatatult, jahvatatud või purustatuna lehtedeks või pulbriks, näiteks paprikaks või cayenne'iks.

Castrovillaris sõime abikaasaga elegantses restoranis ja maakõrtsis Locanda di Alia. Piirkonna kuulsaimat restorani juhivad vennad Alia. Gaetano on kokk, Pinuccio aga maja ees. Nende eripäraks on apteegitilliga marineeritud sealiha ning tšilli mee ja tšillikastmega. Pinuccio selgitas, et vähemalt kakssada aastat vana retsept valmistati sealihakonservidest, mida oli mitu kuud soolatud ja laagerdatud. See on paindlikum viis seda teha.

Apteegitilli õietolmu võib leida paljudest ürtide ja vürtside poodidest. (Ma vaatanallikatest.) Kui õietolmu pole käepärast, võib kasutada purustatud apteegitilli seemneid.

2 sea sisefileed (igaüks umbes 1 nael)

2 supilusikatäit mett

1 tl soola

1 tl apteegitilli õietolmu või purustatud apteegitilli seemneid

Näputäis purustatud punast pipart

1 1/2 tassi apelsinimahla

2 supilusikatäit punast pipart

1. Asetage rest ahju keskele. Kuumuta ahi temperatuurini 425 ° F. Määrige sealiha mahutamiseks piisavalt suur küpsetusplaat.

2. Keera filee õhukesed otsad alla, et need oleksid ühtlase paksusega. Asetage praed pannile tolli kaugusel.

3. Vispelda väikeses kausis mesi, sool, apteegitilli õietolm ja purustatud punane pipar. Pintselda segu lihale. Aseta sealiha ahju ja küpseta 15 minutit.

4. Vala apelsinimahl liha ümber. Röstige veel 10–20 minutit või kuni see on kuldne ja pehme. (Sealiha valmib siis, kui sisetemperatuur jõuab kiirloetava termomeetri järgi 150 °F-

ni.) Tõsta sealiha lõikelauale. Kata alumiiniumfooliumiga ja hoia kastme valmistamise ajal soojas.

5. Asetage küpsetusplaat keskmisele kuumusele. Lisage punane pipar ja küpseta panni põhja kraapides 2 minutit.

6. Viiluta sealiha ja serveeri koos kastmega.

Praetud sealiha kartulite ja rosmariiniga

Maiale ribi kartulitega

Teeb 6 kuni 8 portsjonit

Kõik armastavad seda seapraad; seda on lihtne valmistada ja kartulid imavad samal pannil koos küpsetades sealiha maitseid endasse. vastupandamatu

1 keskelt lõigatud kondita seafilee (umbes 3 naela)

2 supilusikatäit värsket hakitud rosmariini

2 supilusikatäit värsket hakitud küüslauku

4 supilusikatäit oliiviõli

Sool ja värskelt jahvatatud must pipar

2 naela uut kartulit, poolitatud või neljaks lõigatud, kui need on suured

1. Asetage rest ahju keskele. Kuumuta ahi temperatuurini 425° F. Määrige röstimispann, mis on piisavalt suur, et see mahutaks sealiha ja kartuleid ilma neid tunglemata.

2. Valmistage väikeses kausis rosmariini, küüslaugu, 2 spl õli ning rohke soola ja pipraga pasta. Viska kartulid pannile koos ülejäänud 2 spl õli ja poole küüslaugupastaga. Lükake kartulid kõrvale ja asetage liha rasvane pool üleval panni keskele. Hõõru või määri ülejäänud pasta kogu lihale.

3. Rösti 20 minutit. Pöörake kartulid ümber. Alandage kuumust temperatuurini 350° F. Röstige veel 1 tund, keerates kartuleid iga 20 minuti järel. Liha on valmis, kui sealiha sisetemperatuur jõuab kiirloetava termomeetri järgi 150 ° F-ni.

4. Tõsta liha lõikelauale. Kata lõdvalt alumiiniumfooliumiga ja lase 10 minutit puhata. Kartulid peaksid olema kuldsed ja pehmed. Vajadusel tõsta kuumust ja küpseta neid veidi kauem.

5. Lõika liha viiludeks ja aseta kartulitega ümbritsetud kuumale alusele. Serveeri kuumalt.

Sidruni seafilee

Maiale sidruniga

Teeb 6 kuni 8 portsjonit

Praetud seafilee sidrunikoorega on suurepärane pühapäeva õhtusöök. Serveerin koos hautatud cannellini ubade ja rohelise köögiviljaga nagu brokkoli või rooskapsas.

Välisfilee võiga määrimine on üsna lihtne ise teha, kui järgite juhiseid; muul juhul laske lihunikul sellega tegeleda.

1 keskelt lõigatud kondita seafilee (umbes 3 naela)

1 tl sidrunikoort

2 peeneks hakitud küüslauguküünt

2 supilusikatäit hakitud värsket peterselli

2 supilusikatäit oliiviõli

Sool ja värskelt jahvatatud must pipar

1 1/2 tassi kuiva valget veini

1. Asetage rest ahju keskele. Kuumuta ahi temperatuurini 425° F. Määrige liha mahutamiseks piisavalt suur röstimispann.

2. Sega väikeses kausis sidrunikoor, küüslauk, petersell, õli ning maitse järgi soola-pipart.

3. Patsutage liha paberrätikutega kuivaks. Sealiha liblikaks panemiseks asetage see lõikelauale. Lõika sealiha pika terava noaga, näiteks konditusnuga või kokanoaga, pikuti peaaegu pooleks, peatudes ühest pikemast küljest umbes 3/4 tolli kaugusel. Avage liha nagu raamat. Määri sidruni-küüslaugusegu lihapoolele. Rulli sealiha küljelt küljele nagu vorsti ja seo kööginööriga 2-tolliste vahedega kinni. Puista väljastpoolt soola ja pipraga.

4. Aseta liha rasvane pool üleval ettevalmistatud pannile. Rösti 20 minutit. Alandage kuumust temperatuurini 350° F. Röstige veel 40 minutit. Lisage vein ja röstige veel 15–30 minutit või kuni kiirloetava termomeetri temperatuur jõuab 150 °F-ni.

5. Tõsta röst lõikelauale. Kata liha ilma vajutamata alumiiniumfooliumiga. Enne viilutamist laske 10 minutit puhata. Aseta pann pliidile keskmisele kuumusele ja vähenda

veidi panni mahla. Viiluta sealiha ja tõsta serveerimisvaagnale. Vala mahl lihale. Serveeri kuumalt.

Seafilee õunte ja grappaga

Maiale Melega

Teeb 6 kuni 8 portsjonit

Õunad ja sibulad koos grappa ja rosmariiniga maitsestavad seda maitsvat Friuli-Venezia Giuliast pärit seapraed.

1 keskelt lõigatud kondita seafilee (umbes 3 naela)

1 spl värsket hakitud rosmariini, lisaks veel kaunistamiseks

Sool ja värskelt jahvatatud must pipar

2 supilusikatäit oliiviõli

2 Granny Smithi õuna või muud hapukat õuna, kooritud ja õhukesteks viiludeks

1 väike sibul, õhukeselt viilutatud

1/4 tassi grappat või brändit

1 1/2 tassi kuiva valget veini

1. Asetage rest ahju keskele. Kuumuta ahi temperatuurini 350 ° F. Määrige kergelt liha mahutamiseks piisavalt suur röstimispann.

2. Hõõru sealiha rosmariini, maitse järgi soola ja pipra ning oliiviõliga. Asetage liha rasvase poolega pannile ja ümbritsege see õuna- ja sibulaviiludega.

3. Vala lihale grappa ja vein. Rösti 1 tund ja 15 minutit või seni, kuni keskele sisestatud kiirloetav termomeeter registreerib temperatuuri 150° F. Tõsta liha lõikelauale ja kata soojana hoidmiseks alumiiniumfooliumiga.

4. Õunad ja sibulad peaksid olema pehmed. Kui ei, siis pane pann tagasi ahju ja rösti veel 15 minutit.

5. Kui need on pehmed, püreesta õunad ja sibul köögikombainis või blenderis. Püreesta ühtlaseks. (Vajadusel lisage segu vedeldamiseks supilusikatäis või kaks sooja vett).

6. Lõika liha viiludeks ja aseta kuumale taldrikule. Pane õuna- ja sibulapüree kõrvale. Kaunista värske rosmariiniga. Serveeri kuumalt.

Praetud sealiha sarapuupähklite ja koorega

Arrosto di Maiale alle Nocciole

Teeb 6 kuni 8 portsjonit

See on variatsioon Piemonte seaprae retseptist, mis ilmus esmakordselt minu raamatus "Itaalia jõulude toiduvalmistamine". Siin rikastab koor koos sarapuupähklitega kastet.

1 keskelt lõigatud kondita seafilee (umbes 3 naela)

2 supilusikatäit värsket hakitud rosmariini

2 küüslauguküünt, peeneks hakitud

2 supilusikatäit oliiviõli

Sool ja värskelt jahvatatud must pipar

1 tass kuiva valget veini

1/2 tassi sarapuupähkleid, röstitud, ilma nahata ja hakitud suurteks tükkideks (vtKuidas kreeka pähkleid röstida ja koorida)

1 tass omatehtudLihapuljongvõiKanasupp, või poest ostetud veise- või kanapuljong

1 1/2 tassi rasket koort

1. Asetage rest ahju keskele. Kuumuta ahi temperatuurini 425° F. Määrige liha mahutamiseks piisavalt suur röstimispann.

2. Sega väikeses kausis rosmariin, küüslauk, õli ning maitse järgi sool ja pipar. Aseta liha rasvase poolega pannile. Hõõru küüslaugusegu kogu sealihale. Küpseta liha 15 minutit.

3. Vala vein lihale. Küpseta veel 45–60 minutit või kuni sealiha temperatuur jõuab kiirloetava termomeetriga 150 °F-ni ja liha on kahvliga läbitorkamisel pehme. Vahepeal valmista vajadusel sarapuupähklid.

4. Tõsta liha lõikelauale. Sooja hoidmiseks kata alumiiniumfooliumiga.

5. Asetage pann pliidiplaadile keskmisele kuumusele ja hautage mahl. Lisa puljong ja hauta 5 minutit, kraapides kokku ja segades puulusikaga panni põhjas pruunistunud tükid. Lisa koor ja hauta, kuni see veidi pakseneb, umbes 2 minutit kauem. Lisa hakitud kreeka pähklid ja tõsta tulelt.

6.Lõika liha viiludeks ja aseta viilud taldrikule kuumalt serveerimiseks. Vala kaste sealihale ja serveeri kuumalt.

Toscana seafilee

Arista di Maiale

Teeb 6 kuni 8 portsjonit

Siin on klassikaline Toscana stiilis seapraad. Liha kondiga küpsetamine muudab selle palju maitsvamaks ja luud sobivad suurepäraselt ka närimiseks.

3 küüslauguküünt

2 supilusikatäit värsket rosmariini

Sool ja värskelt jahvatatud must pipar

2 supilusikatäit oliiviõli

1 kondiga röstiribi, keskelt lõigatud, umbes 4 naela

1 tass kuiva valget veini

1. Asetage rest ahju keskele. Kuumuta ahi temperatuurini 325 ° F. Määrige röstimispann, mis on piisavalt suur, et praad kinni hoida.

2. Haki küüslauk ja rosmariin peeneks, seejärel pane väikesesse kaussi. Lisa maitse järgi soola ja pipart ning sega korralikult pastaks. Aseta röst rasvase poolega pannile. Tehke väikese noaga kogu sealiha pinnale sügavad sisselõiked, seejärel sisestage segu lõigetesse. Hõõru kogu röst oliiviõliga.

3. Küpseta 1 tund 15 minutit või kuni liha saavutab kiirloetava termomeetri sisetemperatuuri 150 °F. Tõsta liha lõikelauale. Sooja hoidmiseks kata alumiiniumfooliumiga. Lase seista 10 minutit.

4. Asetage pann pliidiplaadile madalale kuumusele. Lisa vein ja küpseta, kraapides ja segades puulusikaga panni põhjas olevaid pruunistunud tükke, kuni see on veidi vähenenud, umbes 2 minutit. Vala mahlad läbi sõela kaussi ja koori rasv ära. Vajadusel soojendage uuesti.

5. Lõika liha viiludeks ja tõsta taldrikule kuumalt serveerima. Serveeri kuumalt koos pannilt eraldunud mahlaga.

Praetud sea abatükk apteegitilliga

porchetta

Teeb 12 portsjonit

See on minu versioon porchettana tuntud vapustavast seapraest, mida müüakse kogu Kesk-Itaalias, sealhulgas Lazios, Umbrias ja Abruzzo. Sealihalõike müüakse spetsiaalsetes veoautodes ja neid saab tellida võileiva kujul või paberisse mähituna koju kaasa. Kuigi liha on maitsev, on krõbe sealiha nahk parim osa.

Praad küpsetatakse kaua ja kõrgel temperatuuril, sest see on väga tihe. Kõrge rasvasisaldus hoiab liha niiske ning nahk muutub pruuniks ja krõbedaks. Sea abatüki võib asendada värske singiga.

1 (7 naela) praetud sea abatükk

8 kuni 12 küüslauguküünt

2 supilusikatäit värsket hakitud rosmariini

1 supilusikatäis apteegitilli seemneid

1 supilusikatäis soola

1 tl värskelt jahvatatud musta pipart

1 1/4 tassi oliiviõli

1. Umbes 1 tund enne liha röstimise alustamist eemaldage see külmkapist.

2. Haki küüslauk, rosmariin, apteegitill ja sool peeneks, seejärel aseta maitseained väikesesse kaussi. Lisa pipar ja õli, et moodustuks ühtlane pasta.

3. Tehke sealiha pinnale väikese noaga sügavad sisselõiked. Sisestage pasta soontesse.

4. Asetage rest ahju alumisse kolmandikku. Kuumuta ahi temperatuurini 350 ° F. Kui olete valmis, asetage praad ahju ja küpseta 3 tundi. Eemaldage liigne rasv lusikaga. Röstige liha veel 1–1 1/2 tundi või kuni kiirloetava termomeetri temperatuur jõuab 160 °F-ni. Kui liha on valmis, on rasv krõbe ja tumepruun.

5. Tõsta liha lõikelauale. Kata soojana hoidmiseks alumiiniumfooliumiga ja lase 20 minutit puhata. Lõika ja serveeri kuumalt või toatemperatuuril.

Praetud põrsas

Praetud siga

Teeb 8 kuni 10 portsjonit

Põrsas on see, kellel ei ole lubatud süüa täiskasvanud seatoitu. Ameerika Ühendriikides kaaluvad põrsad tavaliselt 15–20 naela, kuigi Itaalias on nad poole väiksemad. Isegi suurema kaalu puhul pole põrsas tõesti palju liha, seega ärge plaanige teenindada rohkem kui kaheksa kuni kümme külalist. Samuti veenduge, et teil oleks küpsetusplaat, mis on piisavalt suur, et mahutada terve põrsas, mis on umbes 30 tolli pikk, ja veenduge, et teie ahi mahuks pannile. Iga hea lihunik peaks suutma hankida teile värske põrsa, kuid uurige enne plaanimist.

Sardiinia kokad on kuulsad oma põrsa poolest, aga ma olen seda mitmel pool Itaalias söönud. Kõige paremini mäletan seda, et olin osa meeldejäävast lõunasöögist Abruzzo Majo di Norante veinitehases.

1 põrsas, umbes 15 naela

4 küüslauguküünt

2 supilusikatäit hakitud värsket peterselli

1 spl värsket hakitud rosmariini

1 spl hakitud värsket salvei

1 tl hakitud kadakamarju

Sool ja värskelt jahvatatud must pipar

6 supilusikatäit oliiviõli

2 loorberilehte

1 tass kuiva valget veini

Kaunistamiseks õun, apelsin või muu puuvili (valikuline)

1. Asetage rest ahju alumisse kolmandikku. Kuumuta ahi temperatuurini 425 ° F. Määrige sealiha mahutamiseks piisavalt suur küpsetusplaat.

2. Loputage sealiha põhjalikult seest ja väljast ning kuivatage paberrätikutega.

3. Haki küüslauk, petersell, rosmariin, salvei ja kadakamarjad, seejärel aseta maitseained väikesesse kaussi. Lisa ohtralt soola ja värskelt jahvatatud pipart. Lisa kaks supilusikatäit õli.

4. Aseta sealiha külili suurele röstimisrestile ettevalmistatud pannile ja määri ürdisegu kehaõõnde. Lisa loorberilehed. Lõika mõlemal pool selgroogu umbes 1/2 tolli sügavused pilud. Hõõru ülejäänud õli kogu sealihale. Kata kõrvad ja saba alumiiniumfooliumiga. (Kui soovite serveerida tervet sea õuna või muu puuviljaga suus, hoidke suu lahti puuviljasuuruse alumiiniumfooliumipalliga.) Puista väljastpoolt soola ja pipraga.

5. Rösti sealiha 30 minutit. Vähendage kuumust temperatuurini 350 ° F. Deglaseerige veiniga. Röstige veel 2–21/2 tundi või seni, kuni tagaveerandi lihavasse ossa sisestatud kiirloetav termomeeter registreerib temperatuuri 170° F. Loputage pannimahlaga iga 20 minuti järel.

6. Tõsta sealiha suurele lõikelauale. Kata alumiiniumfooliumiga ja lase 30 minutit puhata. Eemaldage fooliumkate ja fooliumipall suust, kui neid kasutatakse. Kui kasutate, asendage fooliumpall puuviljaga. Tõsta serveerimistaldrikule ja serveeri kuumalt.

7. Koori pannil olevatest mahladest rasv ära ja kuumuta tasasel tulel. Vala mahl lihale. Serveeri kohe.

Rösti kondita ja vürtsidega seafilee

Maiale ja Porchetta

Teeb 6 kuni 8 portsjonit

Kondita seafilee röstitakse samade vürtsidega, mida kasutatakse porchetta (röstitud seapoeg) puhul mitmel pool Kesk-Itaalias. Pärast lühikest kõrge kuumuse perioodi alandatakse ahju temperatuuri, mis hoiab liha pehme ja mahlasena.

4 küüslauguküünt

1 supilusikatäis värsket rosmariini

6 värsket salveilehte

6 kadakamarja

1 tl soola

1 1/2 tl värskelt jahvatatud musta pipart

1 kondita, keskelt lõigatud seapraad, umbes 3 naela

Ekstra neitsioliiviõli

1 tass kuiva valget veini

1. Asetage rest ahju keskele. Kuumuta ahi temperatuurini 450 ° F. Määrige sealiha mahutamiseks piisavalt suur röstimispann.

2. Haki küüslauk, rosmariin, salvei ja kadakamarjad peeneks. Sega hulka ürdisegu, sool ja pipar.

3. Lõika liha suure terava noaga pikuti keskelt alla, jättes selle külje külge. Ava liha nagu raamat ja määri kaks kolmandikku vürtsisegust liha peale. Sulgege liha ja siduge nööriga 2-tolliste vahedega. Hõõru ülejäänud vürtsisegu väljastpoolt. Asetage liha pannile. Nirista peale oliiviõli.

4. Rösti sealiha 10 minutit. Vähendage kuumust temperatuurini 300 °F ja röstige veel 60 minutit või kuni sealiha sisetemperatuur jõuab 150 °F-ni.

5. Tõsta röst serveerimistaldrikule ja kata alumiiniumfooliumiga. Lase seista 10 minutit.

6. Lisa pannile vein ja tõsta keskmisel kuumusel pliidiplaadile. Küpseta, kraapides pruunid tükid pannil puulusikaga, kuni mahl väheneb ja pakseneb. Lõika sealiha viiludeks ja aseta pannile mahlad. Serveeri kuumalt.

Grillitud sea abatükk piimas

Maiale al Latte

Teeb 6 kuni 8 portsjonit

Lombardias ja Venetos küpsetatakse mõnikord piimas veise-, sea- ja kanaliha. Nii jääb liha pehme ja valmides saab piimast kreemja pruuni kastme, mida liha kõrvale serveerida.

Köögiviljad, peekon ja vein lisavad maitset. Ma kasutan selle roa jaoks kondita mõla või küljelt küljele praadi, sest see sobib hästi aeglaseks ja niiskeks küpsetamiseks. Liha valmib pliidil, seega pole vaja ahju sisse lülitada.

1 kondita või keskmiselt röstitud sea abatükk (umbes 3 naela)

4 untsi peekonit, peeneks hakitud

1 peeneks hakitud porgand

1 väike karbonaad pehmet sellerit

1 keskmine sibul, peeneks hakitud

1 liiter piima

Sool ja värskelt jahvatatud must pipar

1 1/2 tassi kuiva valget veini

1. Segage suures Hollandi ahjus või muus sügavas ja tihedas tihedalt suletava kaanega potis sealiha, peekon, porgand, seller, sibul, piim ning maitse järgi soola ja pipart. Kuumuta vedelik keskmisel kuumusel keema.

2. Kata pott osaliselt kaanega ja küpseta keskmisel kuumusel, aeg-ajalt keerates, umbes 2 tundi või kuni liha on kahvliga pehme.

3. Tõsta liha lõikelauale. Sooja hoidmiseks kata alumiiniumfooliumiga. Tõsta poti all kuumust ja küpseta, kuni vedelik on vähenenud ja kergelt pruunistunud. Valage mahlad läbi kurna kaussi, seejärel valage vedelik potti tagasi

4. Vala vein potti ja hauta, kraapides kokku ja segades puulusikaga pruunistunud tükid. Viiluta sealiha ja aseta kuumale ahjuplaadile. Vala peale keeduvedelik. Serveeri kuumalt.

Hautatud sea abatükk viinamarjadega

Maiale all 'Raîm

Teeb 6 kuni 8 portsjonit

Hautamiseks sobib eriti hästi sea aba- või seljatükk. Püsib vaatamata pikale keetmisele kena ja niiske. Kunagi tegin seda Sitsiilia retsepti seafileega, kuid nüüd leian, et seljatükk on liiga lahja ja paletil on rohkem maitset.

1 kilo pärlsibulat

3 naela abatükk või kondita seafilee, rulli keeratud ja kinni seotud

2 supilusikatäit oliiviõli

Sool ja värskelt jahvatatud must pipar

1 1/4 tassi valge veini äädikat

1 nael seemneteta varteta rohelisi viinamarju (umbes 3 tassi)

1. Pane suur pott vett keema. Lisa sibul ja küpseta 30 sekundit. Nõruta ja jahuta jooksva külma vee all.

2. Raseerige terava kööginoaga juure ots. Ärge lõigake otsi liiga sügavalt, vastasel juhul lagunevad sibulad küpsetamise ajal laiali. Eemaldage nahad.

3. Hollandi ahjus, mis on piisavalt suur, et mahutada liha või mõni muu tihedalt suletava kaanega raske potis, kuumutage õli keskmisel-kõrgel kuumusel. Patsutage sealiha paberrätikutega kuivaks. Aseta sealiha potti ja pruunista korralikult, umbes 20 minutit. Kallutage potti ja koorige lusikaga rasv ära. Puista sealiha soola ja pipraga.

4. Lisa äädikas ja hauta, kraapides puulusikaga poti põhjast pruunistunud tükke. Lisage sibul ja 1 tass vett. Alanda kuumust madalaks ja hauta 1 tund.

5. Lisa viinamarjad. Küpseta veel 30 minutit või kuni liha on kahvliga läbitorkamisel väga pehme. Tõsta liha lõikelauale. Kata soojana hoidmiseks alumiiniumfooliumiga ja jäta 15 minutiks seisma.

6. Viiluta sealiha ja aseta kuumale ahjuplaadile. Vala üle viinamarja-sibulakastmega ning serveeri kohe.

Sea abatükk õlles

Maiale alla Birra

Teeb 8 portsjonit

Värskeid seajalgu küpsetatakse nii Trentino–Alt Adige's, kuid kuna seda lõiget USA-s laialdaselt ei pakuta, kasutan samu maitseaineid kondiga abatüki küpsetamiseks. Küpsetusaja lõpus on palju rasva, kuid see võib kergesti küpsetusvedeliku pinnalt eemaldada. Veelgi parem, küpseta sealiha päev enne serveerimist ning jahuta liha ja keedumahlad eraldi. Rasv kõveneb ja seda on lihtne eemaldada. Enne serveerimist kuumuta sealiha keeduvedelikus uuesti läbi.

5–7 naela kondiga sea abatükk (piknik või Bostoni selg)

Sool ja värskelt jahvatatud must pipar

2 supilusikatäit oliiviõli

1 keskmine sibul, peeneks hakitud

2 peeneks hakitud küüslauguküünt

2 oksa värsket rosmariini

2 loorberilehte

12 untsi õlut

1. Patsutage sealiha paberrätikutega kuivaks. Puista liha soola ja pipraga.

2. Kuumutage õli keskmisel kuumusel suures hollandi ahjus või muus sügavas ja raskes, tihedalt suletava kaanega potis. Aseta sealiha potti ja pruunista hästi igast küljest, umbes 20 minutit. Eemaldage kõik rasv, välja arvatud 1 või 2 supilusikatäit.

3. Puista sibul, küüslauk, rosmariin ja loorberilehed üle kogu liha ning küpseta 5 minutit. Lisa õlu ja hauta.

4. Kata pott kaanega ja küpseta liha aeg-ajalt pöörates 2 1/2–3 tundi või kuni liha on noaga läbitorkamisel pehme.

5. Kurna mahlad pannilt välja ja eemalda rasv. Viiluta sealiha ja serveeri koos pannimahlaga. Serveeri kuumalt.

Lambakotletid valges veinis

Braciole di Agnello valge veiniga

Teeb 4 portsjonit

Siin on põhiline viis, kuidas valmistada lambalihakotlette, mida saab teha pehmete selja- või ribilõikudega või nätskemate, kuid palju odavamate abakotletidega. Parima maitse saavutamiseks lõigake liha liigsest rasvast ja küpseta ribisid, kuni need on keskelt roosad.

2 supilusikatäit oliiviõli

8 lambakotlet, seljatükk või ribi, 1 tolli paksune, kärbitud

4 küüslauguküünt, kergelt purustatud

3 kuni 4 oksa rosmariini (2 tolli)

Sool ja värskelt jahvatatud must pipar

1 tass kuiva valget veini

1. Kuumutage õli keskmisel-kõrgel kuumusel piisavalt suurel pannil, et ribisid mugavalt ühes kihis hoida. Kui õli on kuum, patsuta ribid kuivaks. Puista ribisid soola ja pipraga ning aseta seejärel pannile. Küpseta, kuni ribid on kuldpruunid, umbes 4 minutit. Puista küüslauk ja rosmariin liha ümber. Pöörake ribid tangide abil ja pruunistage teine pool umbes 3 minutit. Tõsta ribid taldrikule.

2. Lisa pannile vein ja hauta. Küpseta, kraapides ja segades pruunistatud tükke panni põhjas, kuni vein väheneb ja veidi pakseneb, umbes 2 minutit.

3. Tõsta ribid tagasi pannile ja küpseta veel 2 minutit, keerates neid kastmes üks või kaks korda, kuni need on luu lähedalt lõigates roosad. Tõsta ribid serveerimisnõusse, vala pannimahlad ribidele peale ja serveeri kohe.

Lambakotletid kappari, sidruni ja salveiga

Braciole di Agnello koos Capperiga

Teeb 4 portsjonit

Vecchia Roma on üks minu lemmik Rooma restorane. Vana geto serval on kena väliaed, kus sooja ja päikesepaistelise ilmaga süüa saab, aga külma või vihmase ilmaga naudin ka hubaseid sisesööklasid. See lambaliha on inspireeritud roast, mida ma seal maitssin, mis on tehtud väikeste piimalamba seemnetega. Olen selle hoopis sisefilee jaoks kohandanud, sest need on siin laialt saadaval.

1 supilusikatäis oliiviõli

8 lambakotlet, seljatükk või ribi, 1 tolli paksune, kärbitud

Sool ja värskelt jahvatatud must pipar

1 1/2 tassi kuiva valget veini

3 supilusikatäit värsket sidrunimahla

3 supilusikatäit kappareid, loputatud ja tükeldatud

6 värsket salveilehte

1. Kuumuta suurel pannil õli keskmisel-kõrgel kuumusel. Patsuta ribid kuivaks. Kui õli on kuum, puista üle soola ja pipraga ning aseta ribid pannile. Küpseta, kuni ribid on kuldpruunid, umbes 4 minutit. Pöörake ribid tangide abil ja pruunistage teine pool umbes 3 minutit. Tõsta ribid taldrikule.

2. Vala pannilt rasv ära. Vähenda kuumust miinimumini. Sega pannile vein, sidrunimahl, kapparid ja salvei. Kuumuta keemiseni ja küpseta 2 minutit või kuni see on kergelt suhkrustunud.

3. Pange ribid pannile tagasi ja keerake neid üks või kaks korda, kuni need on läbi kuumenevad ja luu lähedalt lõikamisel roosakad. Serveeri kohe.

Krõbedad lambalihakotletid

Braciolette krõmpsuv

Teeb 4 portsjonit

Sõin Milanos sel viisil valmistatud kitseribisid, mille kõrvale olid lisatud samas krõbedas taignas praetud artišokisüdamed. Roomlased kasutavad kitse asemel väikeseid lambaliha kotlette ja jätavad juustu välja. Igal juhul on krõbe segasalat ideaalne lisand.

8–12 lambalihakotlette, umbes 3/4 tolli paksused, peeneks lõigatud

2 suurt muna

Sool ja värskelt jahvatatud must pipar

1 1/4 tassi kuiva riivsaia

1/2 tassi värskelt riivitud Parmigiano-Reggiano

Oliiviõli praadimiseks

1. Asetage ribid lõikelauale ja tambige liha õrnalt, kuni see on umbes 1/2 tolli paksune.

2. Vahusta munad lamedas vormis soola ja pipraga maitse järgi. Sega riivsai juustuga vahatatud paberilehel.

3. Kasta ribid ükshaaval munadesse, seejärel veereta riivsaias, patsutades korralikult riivsaia sisse.

4. Lülitage ahi madalale sisse. Valage sügavale pannile umbes 1/2 tolli õli. Kuumuta õli keskmisel-kõrgel kuumusel, kuni osa munasegust õlisse valades kiiresti küpseb. Asetage tangide abil ettevaatlikult mõned ribid õli sisse, ilma panni tunglemata. Küpseta kuldseks ja krõbedaks, 3–4 minutit. Keera ribid tangidega ümber ja pruunista, 3 minutit. Nõruta ribid paberrätikutel. Ülejäänud praadimise ajal hoia praetud ribisid ahjus soojas. Serveeri kuumalt.

Lambakotletid artišokkide ja oliividega

Lambakotletid artišokkide ja oliividega

Teeb 4 portsjonit

Kõik selle roa koostisained on küpsetatud samal pannil, nii et lambaliha, artišokkide ja oliivide üksteist täiendavad maitsed segunevad õrnalt. Mõnusaks lisandiks oleks mõni särav köögivili nagu porgand või ahjutomat.

2 supilusikatäit oliiviõli

8 lambaliha ribi või seljatükki, umbes 1 tolli paksune, lõigatud

Sool ja värskelt jahvatatud must pipar maitse järgi.

2 supilusikatäit oliiviõli

$3 1/4$ tassi kuiva valget veini

8 väikest või 4 keskmist artišokki, kärbitud ja kaheksandikuteks lõigatud

1 peeneks hakitud küüslauguküüs

$1 1/2$ tassi väikseid pehmeid musti oliive, näiteks Gaeta

1 spl värsket hakitud peterselli

1. Kuumutage õli keskmisel kuumusel piisavalt suurel pannil, et hoida ribisid ühe kihina. Patsuta lambaliha kuivaks. Kui õli on kuum, puista ribidesse soola ja pipart ning aseta seejärel pannile. Küpseta, kuni ribid on kuldpruunid, 3-4 minutit. Pöörake ribi tangidega, et teine külg pruunistuda, umbes 3 minutit. Tõsta ribid taldrikule.

2. Lülitage kuumus sisse keskmiselt madalale. Lisa vein ja lase keema tõusta. Küpseta 1 minut. Lisa artišokid, küüslauk ning maitse järgi soola ja pipart. Kata pann kaanega ja küpseta 20 minutit või kuni artišokid on pehmed.

3. Lisa oliivid ja petersell ning küpseta veel 1 minut. Tõsta karbonaad tagasi pannile ja küpseta lambaliha üks või kaks korda keerates, kuni see on läbi kuumenenud. Serveeri kohe.

Lambalihakotletid tomatikastme, kappari ja anšoovisega

Lambakotletid salsas

Teeb 4 portsjonit

Vürtsikas tomatikaste annab neile Calabrese-stiilis ribidele maitse. Ka sealihakotlette saab nii küpsetada.

2 supilusikatäit oliiviõli

8 lambaliha karbonaadi, soonik või seljatükk, umbes 3/4 tolli paksune, kärbitud

6 kuni 8 ploomtomatit, kooritud, seemnetest puhastatud ja tükeldatud

4 tükeldatud anšoovisefileed

1 spl kappareid, loputatud ja tükeldatud

2 supilusikatäit hakitud värsket peterselli

1. Kuumutage õli keskmisel kuumusel piisavalt suurel pannil, et ribisid mugavalt ühes kihis hoida. Kui õli on kuum, patsuta ribid kuivaks. Maitsesta ribid soola ja pipraga, seejärel lisa ribid pannile. Küpseta, kuni ribid on kuldpruunid, umbes 4

minutit. Pöörake ribid tangide abil ja pruunistage teine pool umbes 3 minutit. Tõsta ribid taldrikule.

2. Lisa pannile tomatid, anšoovised ja kapparid. Lisa maitse järgi näpuotsaga soola ja pipart. Küpseta 5 minutit või kuni see on veidi paksenenud.

3. Tõsta ribid tagasi pannile ja küpseta, kastmes üks või kaks korda keerates, kuni luu lähedalt lõikamine on kuum ja roosa. Puista peale petersell ja serveeri kohe.

Lambakotletid "põletavad su sõrmi"

Agnello ja Scottadito

Teeb 4 portsjonit

Seda rooga inspireerinud retseptis, mis pärineb vanast Umbria köögi kokaraamatust, annab peeneks hakitud prosciutto rasv lambalihale maitset. Enamik kokkasid asendab tänapäeval oliiviõli. Lambakotletid on ka nii head.

Arvatavasti tuleneb nimi mõttest, et ribid on nii maitsvad, et ei saa neid kohe söömata jätta: kuumalt, värskelt grillilt või pannilt.

1 1/4 tassi oliiviõli

2 peeneks hakitud küüslauguküünt

1 spl värsket hakitud rosmariini

1 tl hakitud värsket tüümiani

8 lambalihakotlet, umbes 1 tolli paksune, kärbitud

Sool ja värskelt jahvatatud must pipar

1. Sega väikeses kausis õli, küüslauk, ürdid ning maitse järgi sool ja pipar. Pintselda seguga lambaliha peale. Kata kaanega ja pane 1 tunniks külmkappi.

2.· Asetage küpsetusrest või grill soojusallikast umbes 5 tolli kaugusele. Kuumuta grill või grill.

3. Eemaldage osa marinaadist. Prae või hauta ribisid kuldpruuniks ja krõbedaks, umbes 5 minutit. Pöörake ribid tangide abil ja küpseta, kuni see on keskelt kuldpruun ja kergelt roosakas, veel umbes 5 minutit. Serveeri kuumalt.

Grillitud lambaliha, Basilicata stiilis

Agnello al Spiedo

Teeb 4 portsjonit

Basilicata võib olla kõige tuntum selle poolest, et see on kujutatud Carlo Levi raamatus Arrested Christ at Eboli. Autor maalis sünge portree piirkonnast enne II maailmasõda, mil paljud poliitvangid saadeti pagulusse. Tänapäeval on Basilicata, kuigi endiselt hõredalt asustatud, jõudsalt ja paljud turistid seiklevad sinna Maratea lähedal asuvate kaunite randade poole.

Sealiha ja lambaliha on selle piirkonna tüüpilised lihad ning mõlemad on selles retseptis kombineeritud. Lambakuubikuid ümbritsev peekon muutub krõbedaks ja maitsvaks. See hoiab lambaliha niiskena ja annab sellele röstimisel maitset.

1 1/2 naela kondita lambajalga, lõigatud 2-tollisteks tükkideks

2 peeneks hakitud küüslauguküünt

1 spl värsket hakitud rosmariini

Sool ja värskelt jahvatatud must pipar

4 untsi õhukeselt viilutatud peekonit

1 1/4 tassi oliiviõli

2 supilusikatäit punase veini äädikat

1. Asetage grill või grill umbes 5 tolli kaugusele soojusallikast. Kuumuta grill või grill.

2. Sega lambaliha suures kausis küüslaugu, rosmariini ning maitse järgi soola ja pipraga.

3. Rulli peekoniviilud lahti. Mähi iga lambalihatüki ümber peekoniviil.

4. Lükake lambaliha puidust varrastele, kinnitage peekon vardasse. Asetage tükid kokku ilma tunglemiseta. Sega väikeses kausis õli ja äädikas. Pintselda seguga lambaliha peale.

5. Prae või hauta vardaid aeg-ajalt keerates, kuni need on maitse järgi keedetud; 5–6 minutit varraste jaoks keskmisel kuumusel. Serveeri kuumalt.

Grillitud lambalihavardad

Arrosticini

Teeb 4 portsjonit

Abruzzos marineeritakse väikesed lambakintsud, keeratakse need puuvarrastele ja grillitakse kuumal tulel. Küpsetatud vardaid serveeritakse püsti seistes kõrges tassis või kannus ja kõik serveeritakse nii, et mesilane sööb otse pulgadest. Need sobivad ideaalselt Rootsi lauas, serveeritakse röstitud või praetud paprikatega.

2 küüslauku

Sal

1 kilo lambakoiba, kärbitud ja 3/4-tollisteks tükkideks lõigatud

3 supilusikatäit ekstra neitsioliiviõli

2 spl hakitud värsket piparmünti

1 tl hakitud värsket tüümiani

Värskelt jahvatatud must pipar

1. Haki küüslauk väga peeneks. Puista küüslauk näpuotsatäie soolaga ja purusta see suure raske kokanoa küljega peeneks pastaks.

2. Viska suures kausis lambaliha küüslaugupasta, õli, ürtide ning maitse järgi soola ja pipraga. Kata kaanega ja jäta 1 tunniks toatemperatuurile või mitmeks tunniks või üleöö külmkappi marineerima.

3. Asetage grill või grill umbes 5 tolli kaugusele soojusallikast. Kuumuta grill või grill.

4. Tõsta liha varrastele. Asetage tükid kokku ilma tunglemiseta. Hauta või hauta lambaliha 3 minutit või kuni see on pruunistunud. Pöörake liha tangidega ja küpseta veel 2–3 minutit või kuni see on väljast kuldpruun, kuid keskelt siiski roosa. Serveeri kuumalt.

Lambahautis rosmariini, piparmündi ja valge veiniga

Agnello ja Humido

Teeb 4 portsjonit

Lamba abatükk sobib ideaalselt toiduvalmistamiseks. Lihas on piisavalt niiskust, et taluda aeglast ja pikaajalist küpsetamist ning kuigi see on alaküpsetuna sitke, on see hautises kahvli õrn. Kui teil on ainult lambaliha kondiga, saab seda kohandada hautise retseptide järgi. Sõltuvalt sellest, kui kondine see on, võite saada lisakilo või kaks kondiga liha. Küpseta kondiga lambaliha umbes 30 minutit kauem kui kondita või kuni liha luu küljest lahti kukub.

2½ naela kondita lambaliha, lõigatud 2-tollisteks tükkideks

1 1/4 tassi oliiviõli

Sool ja värskelt jahvatatud must pipar maitse järgi.

1 suur sibul, hakitud

4 hakitud küüslauguküünt

2 supilusikatäit värsket hakitud rosmariini

2 supilusikatäit hakitud värsket peterselli

1 spl hakitud värsket piparmünt

1 1/2 tassi kuiva valget veini

Umbes 1/2 tassi veiselihapuljongit (Lihapuljong) või vett

2 supilusikatäit tomatipastat

1. Kuumutage õli keskmisel kuumusel suures hollandi ahjus või muus sügavas ja raskes, tihedalt suletava kaanega potis. Patsutage lambaliha paberrätikutega kuivaks. Aseta potti nii palju lambaliha tükke, kui see ühe kihina mugavalt ära mahub. Küpseta sageli segades, kuni see on kõikjal pruunistunud, umbes 20 minutit. Tõsta pruunistatud lambaliha taldrikule. Puista peale soola ja pipraga. Küpseta ülejäänud lambaliha samamoodi.

2. Kui kogu liha on pruunistunud, eemalda lusikaga liigne rasv. Lisa sibul, küüslauk ja ürdid ning sega korralikult läbi. Küpseta, kuni sibul on pruunistunud, umbes 5 minutit.

3. Lisa vein ja hauta, kraapides kokku ja segades poti põhjas pruunistunud tükke. Küpseta 1 minut.

4. Lisa puljong ja tomatipasta. Vähendage kuumust madalaks. Katke ja küpseta 1 tund, aeg-ajalt segades või kuni lambaliha on pehme. Lisa veidi vett, kui kaste on liiga soolane. Serveeri kuumalt.

Umbria lambahautis kikerhernepüreega

Agnelo del Colle

Teeb 6 portsjonit

Polenta ja kartulipuder on Itaalias sagedased hautiste kaaslased, nii et olin üllatunud, kui seda hautist Umbrias kikerhernepüreega serveeriti. Konserveeritud kikerherned sobivad hästi või võite kuivatatud kikerherned enne tähtaega küpsetada.

2 supilusikatäit oliiviõli

3 naela kondita lambaliha, lõigatud 2-tollisteks tükkideks

Sool ja värskelt jahvatatud must pipar

2 peeneks hakitud küüslauguküünt

1 tass kuiva valget veini

1 1/2 tassi hakitud värskeid või konserveeritud tomateid

1 pakk (10 untsi) valgeid seeni, viilutatud

2 purki (16 untsi) kikerherneid või 5 tassi keedetud kikerherneid

Ekstra neitsioliiviõli

1. Kuumutage õli keskmisel kuumusel suures hollandi ahjus või muus sügavas ja raskes, tihedalt suletava kaanega potis. Asetage potti nii palju lambalihatükke, et need mahuksid mugavalt ühe kihina. Küpseta aeg-ajalt segades, kuni see on üleni pruunistunud, umbes 20 minutit. Tõsta pruunistatud lambaliha taldrikule. Puista peale soola ja pipraga. Küpseta ülejäänud lambaliha samamoodi.

2. Kui kogu liha on pruunistunud, vala üleliigne rasv pannilt ära. Laota pannile küüslauk ja küpseta 1 minut. Lisa vein. Kaabi puulusikaga ja sega panni põhjas olevate kuldsete tükkidega. Lase keema tõusta ja küpseta 1 minut.

3. Pane lambaliha potti tagasi. Lisa tomatid ja seened ning hauta. Vähendage kuumust madalaks. Katke ja küpseta aeg-ajalt segades 1 1/2 tundi või kuni lambaliha on pehme ja kaste on vähenenud. Kui vedelikku on liiga palju, eemaldage viimase 15 minuti jooksul kaas.

4. Vahetult enne serveerimist kuumuta kikerherned ja vedelik keskmises kastrulis. Seejärel tõsta need köögikombaini püreeks või purusta kartulipudruga. Lisa maitse järgi veidi

ekstra neitsioliiviõli ja musta pipart. Vajadusel soojendage uuesti.

5. Serveerimiseks pane igale taldrikule osa kikerherneid. Ringi puder lambalihahautisega. Serveeri kuumalt.

Hunteri stiilis lambaliha

Agnello alla Cacciatora

Teeb 6 kuni 8 portsjonit

Roomlased valmistavad seda lambahautist Abacchioga, mis on nii noor lambaliha, et pole kunagi rohtu söönud. Ma arvan, et kõvaks keedetud munade maitse sobib kõige paremini vürtsika hakitud rosmariini, äädika, küüslaugu ja anšoovisega, mis lõpetavad kastme.

4 naela kondiga lambaliha, lõigatud 2-tollisteks tükkideks

Sool ja värskelt jahvatatud must pipar

2 supilusikatäit oliiviõli

4 hakitud küüslauguküünt

4 värsket salveilehte

2 (2-tollist) värsket rosmariini oksa

1 tass kuiva valget veini

6 anšoovisefileed

1 tl peeneks hakitud värskeid rosmariini lehti

2 kuni 3 supilusikatäit veiniäädikat

1. Kuivatage tükid paberrätikutega. Puista neid soola ja pipraga.

2. Kuumutage õli keskmisel kuumusel suures hollandi ahjus või muus sügavas ja raskes, tihedalt suletava kaanega potis. Lisa nii palju lambaliha, et see mahuks mugavalt ühte kihti. Küpseta segades nii, et see pruunistuks kõikjal. Tõsta pruunistatud liha taldrikule. Jätkake ülejäänud lambalihaga.

3. Kui kogu lambaliha on pruunistunud, eemalda lusikaga pannilt suurem osa rasvast. Lisa pool küüslaugust, salvei ja rosmariin ning sega. Lisa vein ja küpseta 1 minut, kraapides kokku ja segades puulusikaga panni põhjas pruunistunud tükid.

4. Tõsta lambalihatükid pannile tagasi. Vähenda kuumust miinimumini. Katke ja küpseta aeg-ajalt segades 2 tundi või kuni lambaliha on pehme ja kukub luu küljest lahti. Lisage veidi vett, kui vedelik aurustub liiga kiiresti.

5. Pesto valmistamiseks: Haki anšoovised, rosmariin ja ülejäänud küüslauk. Asetage need väikesesse kaussi. Lisage pasta moodustamiseks piisavalt äädikat.

6. Sega hautisesse pesto ja hauta 5 minutit. Serveeri kuumalt.

Lamba-, kartuli- ja tomatihautis

Stufato di Agnello ja Verdure

Teeb 4 kuni 6 portsjonit

Kuigi tavaliselt kasutan hautamiseks lamba abatükki, siis vahel kasutan säärest või säärest alles jäänud kaunistusi. Nende jaotustükkide tekstuur on pisut nätskem, kuid need nõuavad vähem küpsetamist ja teevad siiski hea hautise. Pange tähele, et selles Lõuna-Itaalia retseptis pannakse liha potti korraga, nii et enne teiste koostisosade lisamist pruunistatakse see ainult kergelt.

1 suur sibul, hakitud

2 supilusikatäit oliiviõli

2 naela kondita jalg või lambaliha jalg, lõigatud 1-tollisteks tükkideks

Sool ja värskelt jahvatatud must pipar, maitse järgi.

1 1/2 tassi kuiva valget veini

3 tassi konservtomateid nõrutatud ja tükeldatud

1 spl värsket hakitud rosmariini

1 nael keeva nullkartulit, lõigatud 1-tollisteks tükkideks

2 porgandit, viilutatud 1/2-tollise paksusega

1 tass värskeid või külmutatud herneid, osaliselt sulatatud

2 supilusikatäit hakitud värsket peterselli

1. Küpsetage sibulat oliiviõlis keskmisel kuumusel suures Hollandi ahjus või muus sügavas ja raskes potis, mis on tihedalt suletava kaanega, umbes 5 minutit, kuni see on pehmenenud. Lisa lambaliha. Küpseta sageli segades, kuni tükid on kergelt pruunistunud. Puista peale soola ja pipraga. Lisa vein ja lase keema tõusta.

2. Lisa tomatid ja rosmariin. Vähenda kuumust miinimumini. Katke ja küpseta 30 minutit.

3. Lisa kartulid, porgandid ning maitse järgi soola ja pipart. Hauta veel 30 minutit aeg-ajalt segades, kuni lambaliha ja kartul on pehmed. Lisa herned ja küpseta veel 10 minutit. Puista peale petersell ja serveeri kohe.

Lamba- ja piprahautis

Agnello Spezzato koos Peperonega

Teeb 4 portsjonit

Paprika vürtsikus ja magusus ning munade küllus teevad neist kaks omavahel ideaalselt sobivat toitu. Kui liha on pruunistunud, pole selles retseptis midagi muud teha, kui seda aeg-ajalt segada.

1 1/4 tassi oliiviõli

2 naela kondita lambaliha, lõigatud 1 1/2-tollisteks tükkideks

Sool ja värskelt jahvatatud must pipar, maitse järgi.

1 1/2 tassi kuiva valget veini

2 keskmist sibulat, viilutatud

1 suur punane paprika

1 suur roheline paprika

6 ploomtomatit, kooritud, seemnetest puhastatud ja tükeldatud

1. Kuumuta suures kastrulis või Hollandi ahjus õli keskmisel kuumusel. Patsuta lambaliha kuivaks. Lisa pannile nii palju lambaliha, et see mahuks mugavalt ühe kihina. Küpseta segades, kuni see on kõikjal pruunistunud, umbes 20 minutit. Tõsta pruunistatud lambaliha taldrikule. Jätkake ülejäänud lambaliha küpsetamist samal viisil. Puista kogu liha soola ja pipraga.

2. Kui kogu liha on pruunistunud, eemalda lusikaga liigne rasv. Lisage vein potti ja segage hästi, kraapides ära kõik pruunistunud tükid. Lase keema tõusta.

3. Pane lambaliha potti tagasi. Lisa sibul, paprika ja tomatid. Vähendage kuumust madalaks. Kata pott kaanega ja küpseta poolteist tundi või kuni liha on väga pehme. Serveeri kuumalt.

Lambaliha pajaroog munadega

Agnello Cacio ja munad

Teeb 6 portsjonit

Kuna muna ja lambaliha seostatakse kevadega, on nende kombineerimine retseptides täiesti loomulik. Selles Kesk- ja Lõuna-Itaalias ühel või teisel kujul populaarses roas moodustavad munad ja juust lambalihahautise kerge kreemja lisandi. See on tüüpiline ülestõusmispühade retsept, nii et kui soovite seda jõululõunaks valmistada, viige keedetud hautis enne katte lisamist mõnusale vormiroale küpsetamiseks ja serveeri. Lamba jala ja aba kombinatsioon annab sellele huvitavama tekstuuri.

2 supilusikatäit oliiviõli

2 keskmist sibulat

3 naela kondita lambaliha jalg ja õlg, kärbitud ja 2-tollisteks tükkideks lõigatud

Sool ja värskelt jahvatatud must pipar maitse järgi.

1 spl peeneks hakitud rosmariini

11/2 tassi omatehtudLihapuljongvõiKanasupp, või poest ostetud veise- või kanapuljong

2 tassi koorimata värskeid herneid või 1 (10 untsi) pakend külmutatud herneid, osaliselt sulatatud

3 suurt muna

1 spl värsket hakitud peterselli

11/2 tassi värskelt riivitud Roman Pecorinot

1. Asetage rest ahju keskele. Kuumuta ahi temperatuurini 425 ° F. Kuumutage õli keskmisel kuumusel Hollandi ahjus või muus sügavas ja raskes, tihedalt suletava kaanega potis. Lisa sibul ja lambaliha. Küpseta aeg-ajalt segades, kuni lambaliha on kergelt pruunistunud, umbes 20 minutit. Puista peale soola ja pipraga.

2. Lisa rosmariin ja puljong. Sega põhjalikult. Katke ja küpsetage aeg-ajalt segades 60 minutit või kuni liha on pehme. Vajadusel lisa veidi sooja vett, et lambaliha ära ei kuivaks. Lisa herned ja küpseta veel 5 minutit.

3. Vahusta keskmises kausis munad, petersell, juust ning maitse järgi soola ja pipart, kuni need on hästi segunenud. Vala segu ühtlaselt lambalihale.

4. Küpseta kaaneta 5 minutit või kuni munad on hangunud. Serveeri kohe.

Lamba- või kitseliha kartulitega, Sitsiilia moodi

Capretto või lambaliha ahjus

Teeb 4 kuni 6 portsjonit

Sitsiilias Trapani lähedal asuv Baglio Elena on töötav talu, mis toodab oliive, oliiviõli ja muid toiduaineid. See on ka võõrastemaja, kus külastajad saavad võluvas maalähedases söögitoas einestada või puhkusele jääda. Külastades pakuti mulle mitmekäigulist Sitsiilia eriroogadest koosnevat õhtusööki, mis sisaldas erinevat tüüpi oliive erineval viisil, suurepärast kohapeal valmistatud salaamit, erinevaid köögivilju ja seda lihtsat hautist. Liha ja kartulit küpsetatakse ainult väikeses koguses veinis ning lihast ja köögiviljadest saadud mahlades, luues maitsete sümfoonia.

Kid on saadaval paljudes etnilistes lihunikutes, sealhulgas Haiti, Lähis-Ida ja Itaalia lihunike juures. See on lambalihaga nii sarnane, et vahet on raske eristada.

3 naela kondiga kitse (kitse) või lambaliha, lõigatud 2-tollisteks tükkideks

2 supilusikatäit oliiviõli

Sool ja värskelt jahvatatud must pipar

2 sibulat, õhukeselt viilutatud

1 1/2 tassi kuiva valget veini

1/4 tl jahvatatud nelki

2 (2 tolli) rosmariinioksa

1 loorberileht

4 keskmist universaalset kartulit, lõigatud 1-tollisteks tükkideks

2 tassi pooleks lõigatud kirsstomateid

2 supilusikatäit hakitud värsket peterselli

1. Asetage rest ahju keskele. Kuumuta ahi temperatuurini 350 ° F. Kuumutage õli keskmisel kuumusel suures Hollandi ahjus või muus sügavas ja raskes potis, millel on tihedalt suletav kaan. Patsuta lambaliha paberrätikutega kuivaks. Lisage liha nii palju, et see mahuks mugavalt potti ilma tunglemiseta. Küpseta tükke tangidega keerates, kuni need on üleni pruunistunud, umbes 15 minutit. Tõsta tükid taldrikule.

Jätkake ülejäänud liha küpsetamist samal viisil. Puista peale soola ja pipraga.

2. Kui kogu liha on pruunistunud, eemalda pannilt suurem osa rasvast. Lisa sibul ja küpseta aeg-ajalt segades, kuni sibul on pruunistunud, umbes 5 minutit.

3. Tõsta liha tagasi potti. Lisa vein ja lase keema tõusta. Küpseta puulusikaga segades 1 minut. Lisa nelk, rosmariin, loorber ja maitse järgi soola-pipart. Katke pott ja viige see ahju. Küpseta 45 minutit.

4. Lisa kartulid ja tomatid. Kata kaanega ja küpseta veel 45 minutit või kuni liha ja kartul on kahvliga läbitorkamisel pehmed. Puista peale petersell ja serveeri kuumalt.

Apuulia lambaliha ja kartuli pajaroog

Tiella di Agnello

Teeb 6 portsjonit

Apuulia eripäraks on ahjus küpsetatud kihilised hautised. Neid võib valmistada liha, kala või köögiviljadega, vaheldumisi kartuli, riisi või riivsaiaga. Tiella on nimi, mis on antud nii sellele toiduvalmistamisviisile kui ka roa tüübile, milles pajaroog valmib. Klassikaline tiella on terrakotast valmistatud ümmargune sügav roog, kuigi tänapäeval kasutatakse enamasti metallpanne.

Küpsetusmeetod on kõige ebatavalisem. Ükski koostisosadest pole pruunistatud ega eelküpsetatud. Kõik kihiti ja küpsetatakse pehmeks. Liha saab hästi küpsetatud, kuid siiski niiske ja maitsev, sest tükid on ümbritsetud kartulitega. Kartuli alumine kiht sulab pehmeks ja pehmeks ning on täis liha- ja tomatimahla, pealmine kiht tuleb aga krõbe nagu friikartul, kuigi palju maitsvam.

Liha jaoks kasuta hästi lõigatud lambajalatükke. Ostan supermarketist pool liblikas lambaliha jalga, seejärel lõikan selle kodus 2–3-tollisteks tükkideks, kärpides rasva. See on selle retsepti jaoks ideaalne.

4 supilusikatäit oliiviõli

2 naela ahjukartulit, kooritud ja õhukesteks viiludeks

1/2 tassi kuiva riivsaia

1/2 tassi värskelt riivitud Roman Pecorino või Parmigiano-Reggiano

1 peeneks hakitud küüslauguküüs

1 1/2 tassi hakitud värsket peterselli

1 spl värsket hakitud rosmariini või 1 tl kuivatatud

1 1/2 tl kuivatatud pune

Sool ja värskelt jahvatatud must pipar

2 1/2 naela kondita lambaliha, kärbitud ja 2–3-tollisteks tükkideks lõigatud

1 kl nõrutatud konservtomateid, tükeldatud

1 tass kuiva valget veini

1 1/2 tassi vett

1. Asetage rest ahju keskele. Kuumuta ahi temperatuurini 400° F. Määri 13 x 9 x 2-tolline küpsetusvorm 2 spl õliga. Patsuta kartulid kuivaks ja laota umbes pooled neist veidi kattudes panni põhja.

2. Sega keskmises kausis riivsai, juust, küüslauk, ürdid ning maitse järgi sool ja pipar. Laota pool purusegust kartulitele. Aseta liha peale puru. Maitsesta liha soola ja pipraga. Laota tomatid liha peale. Aseta peale ülejäänud kartulid. Vala vein ja vesi. Määri peale ülejäänud purusegu. Nirista ülejäänud 2 spl oliiviõliga.

3. Küpseta 1 1/2–1 3/4 tundi või kuni liha ja kartul on kahvliga pehmed ja kuldpruunid. Serveeri kuumalt.

Lambakoib kikerhernestega

Stinco di Agnello koos ceciga

Teeb 4 portsjonit

Mangod vajavad aeglast ja pikka keetmist, kuid valmides on viljaliha niiske ja peaaegu sulab suus. Kui ostate supermarketist tallekoiba, võib liha vajada täiendavat korrastamist. Lõigake väikese konditusnuga abil ära nii palju rasva kui võimalik, kuid jätke puutumata õhuke, pärlmutter välimusega lihakiht, mida nimetatakse hõbedaseks nahaks. See aitab lihal küpsetamise ajal kuju säilitada. Ma kasutan jalgu paljude retseptide jaoks, mida itaallased teeksid väiksema lambakoibaga.

2 supilusikatäit oliiviõli

4 väikest lambajalga, peeneks lõigatud

Sool ja värskelt jahvatatud must pipar

1 väike hakitud sibul

2 tassi veisepuljongit (Lihapuljong)

1 tass kooritud, seemnetest puhastatud ja tükeldatud tomateid

1 1/2 tl kuivatatud majoraani või tüümiani

4 porgandit, kooritud ja 1-tollisteks tükkideks lõigatud

2 õrna sellerivart, lõigatud 1-tollisteks tükkideks

3 tassi või 2 purki (16 untsi) kurnatud kikerherneid

1. Kuumutage õli keskmisel kuumusel Hollandi ahjus, mis on piisavalt suur, et seemikud ühe kihina hoida, või mõnes teises sügavas ja raskes, tihedalt suletava kaanega potis. Patsutage lambakoivad kuivaks ja pruunistage korralikult, umbes 15 minutit. Kallutage pann ja eemaldage lusikaga liigne rasv. Puista peale soola ja pipraga. Lisa sibul ja küpseta veel 5 minutit.

2. Lisa puljong, tomatid ja majoraan ning hauta. Vähendage kuumust madalaks. Kata kaanega ja küpseta 1 tund, aeg-ajalt jalgu keerates.

3. Lisa porgand, seller ja kikerherned. Küpseta veel 30 minutit või kuni liha on väikese noaga läbitorkamisel pehme. Serveeri kuumalt.

Lambakoib paprika ja prosciuttoga

Brasato di Stinco di Agnello koos Pepperoni ja Prosciuttoga

Teeb 6 portsjonit

Senagalias, Marche Aadria mere rannikul, sõin selle võluva vanalinna ajaloolises keskuses asuvas Osteria del Tempo Persos. Esimeseks käiguks võtsin cappelletti, värske pastaga täidetud väikesed korgid vorsti ja köögiviljakastmega, millele järgnes lambahautis, millele oli lisatud erksavärvilisi paprikaid ja prosciutto ribasid. Hautise maitsed olen selles retseptis kohandanud lambajalgadele.

4 supilusikatäit oliiviõli

6 väikest lambajalga, peeneks lõigatud

Sool ja värskelt jahvatatud must pipar

1 1/2 tassi kuiva valget veini

2-tolline oksake värsket rosmariini või 1/2 tl kuivatatud

    1 1/2 tassiLihapuljong

2 punast paprikat, lõigatud 1/2-tollisteks ribadeks

1 kollane paprika, lõigatud 1/2-tollisteks ribadeks

1 spl soolata võid

2 untsi viilutatud imporditud Itaalia prosciutto, lõigatud õhukesteks ribadeks

2 supilusikatäit hakitud värsket peterselli

1. Kuumutage õli keskmisel kuumusel Hollandi ahjus, mis on piisavalt suur, et hoida lambajalgu ühes kihis, või mõnes teises sügavas, tihedas, tihedalt suletava kaanega potis. Patsuta lambajalgad kuivaks. Pruunista neid põhjalikult tangidega keerates umbes 15 minutit. Kallutage pann ja eemaldage lusikaga liigne rasv. Puista peale soola ja pipraga.

2. Lisa vein ja küpseta, kraapides ja segades puulusikaga panni põhjas pruunistunud tükid. Lase keema tõusta ja küpseta 1 minut.

3. Lisa rosmariin ja puljong ning lase vedelik keema tõusta.

4. Katke pann osaliselt. Vähendage kuumust madalaks. Küpseta liha aeg-ajalt pöörates, kuni lambaliha on kahvliga läbitorkamisel väga pehme, umbes 11/4–11/2 tundi.

5. Küpsetamise ajal segage keskmisel kuumusel keskmisel kuumusel paprika, või ja 2 spl vett. Katke ja küpseta 10 minutit või kuni köögiviljad on peaaegu pehmed.

6. Lisa lambalihale pehmendatud paprika ja sink koos peterselliga. Küpseta keskmisel kuumusel kaaneta, kuni paprika on pehme, umbes 5 minutit.

7. Tõsta koivad ja paprikad lusika abil kuumutatud pannile. Kata ja hoia soojas. Kui pannile jäänud vedelik on liiga lahja, tõsta kuumus kõrgele ja keeda, kuni see väheneb ja veidi pakseneb. Testige ja kohandage seanssi. Vala kaste lambalihale ja serveeri kohe.

Lambakoib kapparite ja oliividega

Stinchi di Agnello Capperi ja oliiviga

Teeb 4 portsjonit

Sardiinias kasutatakse selle roa jaoks tavaliselt kitseliha. Lamba ja kitse maitsed on väga sarnased, nii et lambakoib on hea asendaja ja palju lihtsam leida.

2 supilusikatäit oliiviõli

4 väikest lambajalga, peeneks lõigatud

Sool ja värskelt jahvatatud must pipar

1 keskmine sibul, hakitud

$3 1/4$ tassi kuiva valget veini

1 tass värskeid või konserveeritud tomateid kooritud, seemnetest puhastatud ja tükeldatud

$1 1/2$ tassi tükeldatud kivideta musti oliive, näiteks Gaeta

2 peeneks hakitud küüslauguküünt

2 supilusikatäit kappareid, loputatud ja tükeldatud

2 supilusikatäit hakitud värsket peterselli

1. Kuumutage õli keskmisel kuumusel Hollandi ahjus, mis on piisavalt suur, et seemikud ühe kihina hoida, või mõnes teises sügavas ja raskes, tihedalt suletava kaanega potis. Patsuta lambaliha kuivaks ja pruunista korralikult üle. Eemaldage liigne rasv lusikaga. Puista peale soola ja pipraga.

2. Laota sibul lambaliha ümber ja küpseta, kuni sibul pehmeneb, umbes 5 minutit. Lisa vein ja küpseta 1 minut. Lisa tomatid ja hauta. Alandage kuumust madalaks ja katke pann kaanega. Küpseta 1–1 1/2 tundi, aeg-ajalt jalgu keerates, kuni liha on noaga läbitorkamisel väga pehme.

3. Lisa oliivid, küüslauk, kapparid ja petersell ning küpseta veel 5 minutit, keerates liha kastmega kaetud. Serveeri kuumalt.

www.ingramcontent.com/pod-product-compliance
Lightning Source LLC
Chambersburg PA
CBHW070419120526
44590CB00014B/1457